Serie: Biblioteca del Hogar Cristiano

Aprendiendo de Nuestra Historia

Elena G. de White

LS Company

Copyright ©2023

ISBN: 978-1-0881-9449-2

Dedicación

Para todas aquellas personas que aman y defienden la verdad del Don de Profecía en la Iglesia Remanente de estos últimos días. Que esta joya sea una bendición para tu vida..

Tabla de Contenido

Aprendiendo de Nuestra Historia 1

Capítulo Uno
Sé Pues Celoso, Y Arrepiéntete 2
Capítulo Dos
La Necesidad De Amor En La Iglesia: Mensaje A Laodicea .. 17
Capítulo Tres
La Necesidad De Investigación Sincera, A Fin De Conocer La Verdad 35
Capítulo Cuatro
El Peligro De Rechazar La Luz 44
Capítulo Cinco
Como Coré, Dathán y Abiram 53
Capítulo Seis
Experiencia Subsiguiente A La Asamblea De Minneapolis De 1888 65
Capítulo Siete
Carta Al Pastor O. A. Olsen 103
Capítulo Ocho
La Prueba De La Doctrina (Y El Espíritu De Minneapolis) 121
Capítulo Nueve
El Deber De La Confesión 128

Elena G. de White v

Aprendiendo de Nuestra Historia

Capítulo Uno
Sé Pues Celoso, Y Arrepiéntete

> *"*
> El camino al paraíso no es el de la exaltación del yo, sino el del arrepentimiento, confesión, humillación, fe y obediencia.

El Señor ha visto nuestras reincidencias, y tiene una controversia con su pueblo. El orgullo, el egoísmo, la disposición mental a la duda e incredulidad por parte de su pueblo, le son claramente manifiestos, y afligen su corazón de amor. Muchos acumulan tinieblas a modo de vestidura sobre sus almas, y dicen virtualmente, 'No queremos un conocimiento de tu camino, oh Dios; elegimos nuestro propio camino'. Tales son las cosas que separan el alma de Dios. Hay en el alma del hombre un obstáculo que él mantiene allí con obstinada persistencia, y que interpone entre su alma y Dios. Es la incredulidad. Dios da suficiente evidencia, pero el hombre, con su voluntad no santificada, rehusa recibir la evidencia a menos que ésta llegue de la manera que le conviene, para favorecer sus propias ideas. Clama desafiantemente: 'Pruebas, pruebas es lo que queremos', y da la espalda a la evidencia dada por Dios. Habla de duda e incredulidad, sembrando las semillas del mal, que al brotar llevarán su cosecha. Está separando su alma más y más lejos de Dios.

¿Son acaso pruebas lo que esos hombres necesitan? ¿Es que no hay suficiente evidencia? –No. La parábola del rico y Lázaro se da para auxiliar a tales almas, a quienes están dando la espalda a la evidencia positiva, para clamar '¡Pruebas!'. El rico solicitó que alguien de entre los muertos fuese enviado, a fin de advertir a sus hermanos, evitando así que acabasen en el lugar de tormento. "Y Abraham le dice: A Moisés y a los profetas tienen: óiganlos. Él entonces dijo: No, padre Abraham: mas si alguno fuere a ellos de los muertos, se arrepentirán. Mas Abraham le dijo: Si no oyen a Moisés y a los profetas, tampoco se persuadirán, si alguno se levantare de los muertos".

¿Por qué sucede que los hombres no creen, cuando hay evidencia suficiente? –Porque no desean ser convencidos. No están dispuestos a someter su propia voluntad a la voluntad de Dios. No quieren reconocer que han estado acariciando incredulidad pecaminosa al resistir la luz que Dios les ha dado. Han estado yendo a la caza de dudas, en busca de perchas donde poder colgar su incredulidad. Han aceptado ávidamente el testimonio débil e insuficiente, testimonio que Dios no les ha dado en su palabra, pero que les satisface, ya que armoniza con sus ideas, y está de acuerdo con su disposición y voluntad. Tales almas están en gran peligro. Si doblegan su orgullosa voluntad, y la ponen del lado de Dios; si buscan la luz con corazones humildes y contritos, creyendo que hay luz para ellos, entonces verán la luz, ya que los ojos estarán dispuestos a discernir la luz que viene de Dios. Reconocerán la evidencia de la autoridad divina. Las verdades espirituales brillarán desde la página divina. Pero el corazón debe estar abierto a la recepción de la luz, ya que Satán está siempre presto a oscurecer la preciosa verdad que los haría sabios para salvación. Para los que no la reciben, seguirá siendo por siempre misterio de misterios.

Debemos buscar fervientemente el conocer y apreciar la verdad, a fin de que la podamos presentar a otros, tal como es en Jesús. Necesitamos tener una correcta apreciación del valor de nuestras propias almas; entonces no manifestaremos el descuido que ahora caracteriza nuestro curso de acción. Buscaremos fervientemente conocer el camino de Dios; obraremos en la dirección opuesta al egoísmo, y nuestra oración constante será que podamos tener la mente de Cristo, a fin de ser amoldados y conformados a su semejanza. Es mirando a Jesús y contemplando su bondad, manteniendo nuestros ojos fijos en Él, como somos cambiados a su imagen. Él dará gracia a todo el que guarde su camino, y haga su voluntad, y ande en verdad. Pero aquellos que aman su propio camino, que adoran sus propios ídolos de opinión, y que no aman a Dios ni obedecen su palabra, continuarán andando en tinieblas. ¡Oh, cuan terrible es la incredulidad! Si se proporciona luz a un ciego, y si se da la verdad presente a esas almas, el primero no podrá ver, mientras que los segundos no querrán ver.

Os suplico a vosotros, cuyos nombres están inscritos en los libros de iglesia como miembros de valor, que tengáis valor realmente, mediante la virtud de Cristo. La gracia, la verdad y el amor de Dios se prometen al alma humilde y contrita. La indignación y los juicios de Dios se dirigen contra aquellos que persisten en andar por sus propios caminos, amando el yo, amando la alabanza de los hombres. Serán ciertamente arrastrados por los engaños satánicos de estos últimos días, ya que no recibieron el amor de la verdad. Debido a que el Señor, en los años precedentes, los ha honrado y bendecido, se jactan de que son elegidos y verdaderos, y de que no necesitan advertencia, instrucción y reproche. Dice el Testigo Fiel: "Yo reprendo y castigo a todos los que amo: sé pues celoso, y arrepiéntete". Contra el profeso pueblo de Dios pesa el cargo: "Tengo contra ti que has dejado tu primer amor. Recuerda por tanto de dónde has caído, y arrepiéntete, y haz las primeras obras; pues si no, vendré presto a ti, y quitaré tu candelero de su lugar, si no te hubieres arrepentido".

El amor hacia Jesús que una vez ardió en el altar del corazón, ha disminuido hasta extinguirse casi por completo. Se ha debilitado la fuerza espiritual. El ceño del Señor está contra su pueblo. En su actual condición, les es imposible representar el carácter de Cristo. Y cuando el Testigo Fiel les ha enviado consejo, reproche, y advertencias debido a que los ama, han rehusado recibir el mensaje; han rehusado ir a la luz, para que sus obras no resulten reprobadas. Dijo Jesús, "pongo mi vida por las ovejas... por eso me ama el Padre". 'Tomando vuestros pecados sobre mí mismo, estoy abriendo una vía a través de la cual la gracia puede fluir a todos aquellos que la acepten. Al darme a mí mismo por el pecado del mundo, he preparado el camino para que la corriente incontenible de ese amor fluya hacia los hombres'.

Todo el cielo está estupefacto al ver que ese amor, tan amplio, profundo, rico y pleno, al serles presentado a hombres que han conocido la gracia de nuestro Señor Jesucristo, los deja tan indiferentes, fríos e impasibles. ¿Qué significa que una gracia tan maravillosa no enternezca nuestros endurecidos corazones? ¡Oh, es por el poder de la incredulidad! Porque "has dejado tu primer amor". Esa es la razón por la que la palabra de Dios tiene una influencia tan pequeña. Es como un fuego, pero no puede penetrar ni caldear el corazón congelado que se aferra a la incredulidad.

Los infinitos tesoros de la verdad han ido acumulándose a lo largo de las edades. No hay imagen que pueda representar adecuadamente la impresión que debieran hacernos el alcance y la riqueza de esos vastos recursos. Están esperando ser demandados por aquellos que los aprecien. Esas gemas de la verdad deben ser reunidas por el pueblo remanente de Dios, para ser dadas por ellos al mundo; pero la confianza propia y la obstinación del alma rehusan el bendito tesoro. "De tal manera amó Dios al mundo, que ha dado a su Hijo unigénito, para que todo aquel que en él cree, no se pierda, mas tenga vida eterna". Es imposible medir o expresar un amor como ese. Juan llama al mundo a mirar "cuál amor nos ha dado el Padre, que seamos llamados hijos de Dios". Es un amor que sobrepasa el conocimiento. En la plenitud del sacrificio no se escatimó nada: Jesús se dio a sí mismo. Es el designio de Dios que en su pueblo se amen unos a otros como Cristo nos amó. Deben educar y adiestrar el alma para ese amor. Deben reflejar ese amor en su propio carácter, reflejarlo al mundo. Cada alma debiera ver esa obra como la suya. En su oración al Padre, Jesús dijo: "Como tú los enviaste al mundo, también los he enviado al mundo". Los que han sido participantes de su gracia, deben presentar al mundo la plenitud de Cristo. Deben hacer por Cristo lo que Cristo hizo por el Padre: representar su carácter.

Una falta de poder moral y espiritual aqueja a nuestras Asociaciones. Muchas iglesias no tienen luz en sí mismas. Los miembros no dan evidencia de ser pámpanos de la Vid verdadera, llevando mucho fruto para gloria de Dios, sino que parecen estar secándose. Su Redentor ha retirado la luz, la inspiración de su Espíritu Santo, de sus asambleas, debido a que han dejado de representar la abnegación, la simpatía y el amor compasivo del Redentor del mundo; no tienen amor por las almas por las que Cristo murió. Han dejado de ser verdaderos y fieles. Es un cuadro triste: la piedad mermada, la falta de consagración y devoción a Dios. Ha habido una separación del alma de Dios; muchos han cortado la comunicación entre Él y el alma, al rechazar a sus mensajeros y a su mensaje.

En nuestras iglesias más grandes existen las mayores maldades, ya que han tenido la mayor luz. No poseen un verdadero conocimiento de Dios, ni de Jesucristo, a quien ha enviado. La levadura de la incredulidad está a la obra, y a menos que esos males que traen la indignación de Dios sean corregidos en los miembros, toda la iglesia será responsable por ellos. La obra profunda del Espíritu de Dios no está con ellos; la presencia gloriosa del Rey de los santos, y su poder para purificar de toda contaminación moral, no se manifiesta entre ellos. Muchos vienen a la asamblea de adoradores de igual modo que una puerta gira sobre sus goznes. No comprenden la aplicación correcta de las Escrituras, ni el poder de Dios. Tienen ojos, pero no ven; oídos, pero no oyen; continúan en sus malos caminos, sin embargo se ven a sí mismos como los privilegiados, como los obedientes hacedores de la palabra. En Sión prevalece la vida fácil y la seguridad carnal. 'Paz, paz', se oye en sus límites, cuando Dios no ha hablado paz. Han perdido las condiciones para la paz. Hay razón para sonar la alarma en 'todo mi santo monte'. Los pecadores serán espantados en Sión; en el momento en que no esperan, vendrá irremediablemente sobre los confiados la destrucción súbita.

El Espíritu Santo se esfuerza por manifestar las demandas de Dios, pero los hombres prestan atención sólo por un momento, y vuelven sus mentes a otras cosas: Satanás dispersa las semillas de la verdad; la influencia llena de gracia del Espíritu Santo es eficazmente resistida. Así muchos están ofendiendo al Espíritu Santo por última vez, y no lo saben.

Estas son las palabras que Cristo habló sobre Jerusalem: "He aquí vuestra casa os es dejada desierta". ¡Qué angustia del alma sintió Jesús cuando todos sus llamamientos, advertencias y reproches fueron resistidos! Cuando Él los trajo a la morada del alma, causaron impresión, pero el amor propio, la autosuficiencia y el amor del mundo, vinieron a asfixiar la buena simiente plantada. El orgullo del corazón previno a sus oyentes a que se humillasen ante Dios y confesasen su pecado de resistir al Espíritu Santo, y muy a pesar suyo, éste los abandonó. Sobre el monte de los Olivos, mientras contemplaba la ciudad, Jesús lloró sobre ella, diciendo, "¡Oh, si también tú conocieses, a lo menos en este tu día, lo que toca a tu paz!" Hizo aquí una pausa; rehusaba pronunciar la sentencia irrevocable. ¡Oh, si Jerusalem pudiera arrepentirse! Cuando el sol, de rápido camino hacia el oeste, dejase de verse, habría acabado su tiempo de gracia. Jesús acabó su frase: "mas ahora está encubierto de tus ojos". En otra ocasión, lamentó la impenitencia de la ciudad escogida: "¡Jerusalem, Jerusalem, que matas a los profetas, y apedreas a los que son enviados a ti! ¡cuántas veces quise juntar tus hijos, como la gallina junta sus pollos debajo de las alas, y no quisiste! He aquí, vuestra casa os es dejada desierta". ¡El Señor no permita que esa escena se repita ahora en la experiencia del profeso pueblo de Dios! "No contenderá mi espíritu con el hombre para siempre", dijo Jehová. "Ephraim es dado a ídolos; déjalo".

¿Querrá la iglesia ver de dónde ha caído? En la iglesia hay frialdad, dureza de corazón, falta de simpatía por los hermanos. Se manifiesta ausencia de amor por los que yerran. Se da una separación hacia aquellos que están precisamente necesitados de piedad y ayuda. En nuestras iglesias, especialmente entre aquellos con responsabilidades sagradas, existe una severidad, un espíritu despótico como el que había entre los fariseos. Están hinchados en autoestima y seguridad propia. La viuda y el huérfano no son el objeto de su simpatía o amor. Eso es totalmente ajeno al espíritu de Cristo. El Señor mira indignado el espíritu áspero y rudo que algunos han manifestado, –un espíritu de tal manera desprovisto de simpatía, de tierna apreciación por aquellos a los que Él ama. Hermanos, vosotros que cerráis el corazón a los sufrientes por Cristo, recordad que en la forma en que los tratáis a ellos, Dios os tratará a vosotros. Cuando llaméis, no os dirá 'Aquí estoy'. Cuando claméis, no responderá. Satanás está atento, preparando sus engaños para entrampar a aquellos que están llenos de autosuficiencia, mientras que están espiritualmente destituidos.

El camino al paraíso no es el de la exaltación del yo, sino el del arrepentimiento, confesión, humillación, fe y obediencia. El mensaje a la iglesia de Laodicea es apropiado para la iglesia de este tiempo: "Escribe al ángel de la iglesia en Laodicea: He aquí dice el Amén, el testigo fiel y verdadero, el principio de la creación de Dios: Yo conozco tus obras, que ni eres frío, ni caliente. ¡Ojalá fueses frío, o caliente! Mas porque eres tibio, y no frío ni caliente, te vomitaré de mi boca. Porque tú dices: Yo soy rico, y estoy enriquecido, y no tengo necesidad de ninguna cosa; y no conoces que tú eres un cuitado y miserable y pobre y ciego y desnudo; Yo te amonesto que de mí compres oro afinado en fuego, para que seas hecho rico, y seas vestido de vestiduras blancas, para que no se descubra la vergüenza de tu desnudez; y unge tus ojos con colirio, para que veas. Yo reprendo y castigo a todos los que amo: sé pues celoso, y arrepiéntete". Hay muchos que se sienten orgullosos de sus riquezas espirituales, su conocimiento de la verdad, y están viviendo el autoengaño culpable. Cuando los miembros de la iglesia se humillen ante Dios celosamente, no de corazón dividido, con acciones sin vida, el Señor los recibirá. Pero declara: "Vendré presto a ti, y quitaré tu candelero de su lugar, si no te hubieres arrepentido". ¿Por cuánto tiempo será resistida esta amonestación? ¿Por cuánto tiempo será tomada a la ligera?

"He aquí, yo estoy a la puerta y llamo: si alguno oyere mi voz y abriere la puerta, entraré a él, y cenaré con él, y él conmigo". La actitud de Cristo es de magnanimidad y perseverancia. "Yo te amonesto que de mí compres oro afinado en fuego, para que seas hecho rico". ¡Oh, la pobreza del alma es alarmante! Y los que están en mayor necesidad del oro del amor, se sienten ricos y enriquecidos, mientras que carecen de toda gracia. Habiendo perdido la fe y el amor, lo han perdido todo.

El Señor ha enviado un mensaje para despertar a su pueblo al arrepentimiento, y para que haga las primeras obras; pero ¿cómo ha sido recibido ese mensaje? Mientras que algunos lo han oído, otros han arrojado desdén y reproche sobre el mensaje y el mensajero. La espiritualidad mortecina, la ausencia de humildad y sencillez de los niños, una profesión de fe maquinal y formalista, han tomado el lugar del amor y la devoción. ¿Habrá de continuar ese lamentable estado de cosas? ¿Se apagará en las tinieblas la lámpara del amor de Dios? El Salvador llama. Oíd su voz: "Sé pues celoso, y arrepiéntete". Arrepiéntete, confiesa tus pecados, y serás perdonado. "Volveos, volveos de vuestros malos caminos: ¿y por qué moriréis, oh casa de Israel?". ¿Por qué intentáis encender un mero fuego vacilante, y caminar en los destellos de vuestra propia luz?

El Testigo Fiel declara, "Yo conozco tus obras". "Arrepiéntete, y haz las primeras obras". Esa es la auténtica prueba, la evidencia de que el Espíritu de Dios está obrando en el corazón para llenaros con su amor. "Vendré presto a ti, y quitaré tu candelero de su lugar, si no te hubieres arrepentido". La iglesia es como el árbol que no lleva frutos, que habiendo recibido el rocío, la lluvia y la luz del sol, debió haber producido abundante fruto, pero que ante el divino escrutinio resulta no tener sino hojas. ¡Solemne pensamiento para nuestras iglesias! ¡solemne, verdaderamente, para todo individuo! La paciencia y longanimidad de Dios son maravillosas, pero "si no te hubieres arrepentido", se agotarán. Las iglesias, nuestras instituciones, irán de debilidad en debilidad, desde la fría formalidad hasta la muerte, mientras están diciendo, "soy rico, y estoy enriquecido, y no tengo necesidad de ninguna cosa". El Testigo Fiel dice, "y no conoces que tú eres un cuitado y miserable y pobre y ciego y desnudo". ¿Verá por fin claramente su verdadera condición?

En las iglesias tiene que darse una maravillosa manifestación del poder de Dios, pero no moverá a aquellos que no se han humillado a sí mismos ante el Señor, y abierto la puerta del corazón mediante la confesión y el arrepentimiento. En la manifestación de ese poder que ilumina la tierra con la gloria de Dios, no verán más que algo que en su ceguera les parecerá peligroso, algo que despertará sus temores, y tomarán posición para resistirlo. Debido a que el Señor no obra de acuerdo con sus ideas y expectaciones, se opondrán a la obra. '¡Qué!', dicen ellos, '¿Acaso no conocemos el espíritu de Dios, tras haber estado tantos años en la obra?'. Eso es porque no respondieron a las amonestaciones y súplicas de los mensajes de Dios, sino que dijeron persistentemente, "yo soy rico, y estoy enriquecido, y no tengo necesidad de ninguna cosa". El talento, la dilatada experiencia, no hará de los hombres canales de luz, a menos que se coloquen bajo los brillantes rayos del Sol de justicia, y sean llamados, escogidos y dispuestos por la dotación del Espíritu Santo. Cuando los hombres que manejan las cosas sagradas se humillen bajo la poderosa mano de Dios, el Señor los sostendrá. Hará de ellos hombres de discernimiento –hombres ricos en la gracia de su Espíritu. Sus rasgos rudos y egoístas de carácter, su obstinación, serán vistos a la luz que brilla a partir de la

Palabra. "Vendré presto a ti, y quitaré tu candelero de su lugar, si no te hubieres arrepentido". Si buscáis al Señor con todo vuestro corazón, lo hallaréis. El fin se acerca. ¡No tenemos un momento que perder! Del pueblo de Dios debe brillar luz en rayos nítidos, inconfundibles, llevando a Jesús a las iglesias y al mundo. Nuestra obra no debe restringirse a aquellos que conocen ya la verdad; nuestro campo es el mundo. Los instrumentos a emplear son esas almas que alegremente reciben la luz de la verdad que Dios les comunica. Tales son las agencias de Dios para comunicar el conocimiento de la verdad al mundo. Si por la gracia de Cristo su pueblo viene a convertirse en nuevos odres, Él los llenará con el vino nuevo. Dios dará luz adicional, y serán recuperadas antiguas verdades, que se emplazarán en el marco de la verdad; y allá donde se dirijan los obreros, triunfarán. Como embajadores de Cristo, deben escudriñar las Escrituras, en busca de las verdades que han permanecido escondidas bajo la hojarasca del error. Y cada rayo de luz recibida, debe ser comunicado a otros. Un interés predominará, un tema absorberá a todos los demás: Cristo nuestra justicia.

"Ésta empero es la vida eterna: que te conozcan el solo Dios verdadero, y a Jesucristo, al cual has enviado". "Así dijo Jehová: No se alabe el sabio en su sabiduría, ni en su valentía se alabe el valiente, ni el rico se alabe en sus riquezas. Mas alábese en esto el que se hubiere de alabar: en entenderme y conocerme, que yo soy Jehová que hago misericordia, juicio y justicia en la tierra: porque estas cosas quiero, dice Jehová". Eso es lo que hay que traer a la experiencia de cada obrero, alto o bajo, en todas nuestras instituciones, en todas nuestras iglesias. Dios quiere que toda alma vuelva a su primer amor. Quiere que todos posean el oro de la fe y el amor, a fin de que puedan echar mano del tesoro, para impartirlo a otros que lo necesitan.

Los creyentes serán de un corazón y una mente, y el Señor hará poderosa su palabra en la tierra. Se entrará en nuevas ciudades, pueblos y territorios; la iglesia se levantará y brillará, porque su luz llegó, se levantó sobre ella para gloria del Señor. Serán añadidos nuevos conversos a las iglesias, y aquellos que ahora pretenden estar convertidos sentirán en sus propios corazones el poder transformador de la gracia de Cristo. Entonces se levantará Satanás, y suscitará la más amarga persecución contra el pueblo de Dios. Pero los que no son de nuestra fe, aquellos que no han rechazado la luz, reconocerán el espíritu de Cristo en sus verdaderos seguidores, y tomarán su posición con el pueblo de Dios.

Cristo dice, refiriéndose al Consolador, "no hablará de sí mismo", "él dará testimonio de mí", "él me glorificará". ¡Cuán poco se ha predicado a Cristo! Los predicadores han presentado teorías en gran cantidad, pero poco de Cristo y su amor. De igual manera que el Salvador vino para glorificar al Padre demostrando su amor, así vino el Espíritu para glorificar a Cristo revelando al mundo las riquezas de su amor y gracia. Si el Espíritu Santo mora en nosotros, nuestra obra dará testimonio del hecho: exaltaremos a Jesús. Nadie puede permitirse ahora estar en silencio; la responsabilidad de la obra es presentar a Cristo al mundo. Todo el que se aventure a seguir su propio camino, todo aquel que no se una a los ángeles que son enviados del cielo con un mensaje para llenar toda la tierra con su gloria, serán pasados de largo. La obra avanzará hacia la victoria sin ellos, y no tendrán parte en el triunfo. —*Review and Herald, 23 diciembre 1890*

Capítulo Dos
La Necesidad De Amor En La Iglesia: Mensaje A Laodicea

> *Dice: "yo les he manifestado tu nombre, y manifestarélo aún; para que el amor con que me has amado, esté en ellos, y yo en ellos". Esas palabras de la oración de Cristo merecen estar destacadas en letras de oro.*

Estamos ciertamente viviendo en medio de los peligros de los últimos días, y aunque podamos aceptar intelectualmente la teoría de la verdad, puede no sernos de valor salvífico a menos que nos apropiemos de la oración que Cristo hizo en nuestro favor, "Santifícalos en tu verdad: tu palabra es verdad". El significado de esa oración es, 'Hazlos santos mediante el conocimiento de la Palabra'. "Y la luz (Cristo) en las tinieblas (el mundo) resplandece; mas las tinieblas no la comprendieron". En lugar de dar la bienvenida a aquello que disipa las tinieblas, muchos no lo comprendieron ni lo recibieron.

Son enviados pastores, lo mismo que fue enviado Juan, para dar testimonio de esa Luz. La asignación del mensajero enviado por Dios no es dirigir las simpatías del pueblo hacia él mismo, sino apartar de sí mismo los afectos y simpatías, para centrarlas en Cristo. El peso de su mensaje debería ser, "He aquí el Cordero de Dios, que quita el pecado del mundo". "En el mundo estaba, y el mundo fue hecho por Él"; pero el mundo se había hundido en tan terrible y profunda incredulidad que cuando su propio Creador vino a él, "no le conoció". "A lo suyo vino, y los suyos no le recibieron. Mas a todos los que le recibieron, dióles potestad de ser hechos hijos de Dios, a los que creen en su nombre; los cuales no son engendrados de sangre, ni de voluntad de carne, ni de voluntad de varón, mas de Dios". Esa gracia no se hereda.

Quisiera que todos vieran que el mismo espíritu que se negó a aceptar a Cristo –la Luz que habría disipado las tinieblas morales–, está lejos de haberse extinguido hoy en nuestro mundo. En nuestros días están aquellos que no están más dispuestos a saludar y reconocer la luz de lo que lo estuvo el pueblo cuando los profetas y apóstoles vinieron con mensajes de Dios, y muchos rechazaron el mensaje y despreciaron al mensajero. Velemos para que no se halle en ninguno de nosotros un espíritu tal.

[Se cita Apoc. 2:1-5] El que Juan vio, andando en medio de los siete candeleros de oro, en aquella visión, representa a Cristo mismo andando entre ellos, yendo de iglesia en iglesia, de congregación en congregación y de alma en alma. Se trata de una vigilancia infatigable. Mientras que los subpastores pueden estar dormidos, o absorbidos con asuntos de importancia menor, Aquel que guardó a Israel no cabecea ni se duerme. Es el verdadero Centinela. La presencia y la gracia sostenedora de Cristo son el secreto de toda luz y vida. Somos guardados por el poder de Dios, mediante la fe, y eso no de nosotros; es el don de Dios.

El Señor Jesús dio el mensaje a Juan para que lo escribiese, a fin de que llegase a través de las edades, hasta el fin del mundo. A la iglesia de Éfeso se le dirigen palabras de reconocimiento. Se pronuncia el "Bien... [sobre el] buen siervo y fiel". Pero el mensaje no acaba ahí. El Salvador dice, "pero tengo contra ti que has dejado tu primer amor". Esto ha sido presentado ante mí una y otra vez en contornos definidos, y lo he presentado al pueblo con pluma y voz.

¿Es que ese sorprendente mensaje no significa nada para nosotros? ¿Acaso no nos es aplicable? ¿Por qué no se presta atención a amonestaciones de tamaña solemnidad? ¿Por qué es que todos, con diligencia, en humildad y confesión, no manifiestan el arrepentimiento del que no hay que arrepentirse? ¿Por qué pasan tantos sin prestarle la debida atención? ¿Mora el amor en la iglesia? ¿Acaso no está casi extinguido? Para muchos, el primer amor por Jesús se ha enfriado. Los hermanos no aman a los hermanos. El amor de muchos se ha enfriado. El Testigo fiel y verdadero caracteriza a todos quienes perdieron su primer amor como caídos. ¿No conocía el peligro de éstos? "Recuerda, por tanto, de dónde has caído, y arrepiéntete, y haz las primeras obras; pues si no, vendré presto a ti, y quitaré tu candelero de su lugar, si no te hubieres arrepentido".

¿Continuarán las iglesias tratando con indiferencia estas verdades apremiantes? La pérdida del primer amor ha abierto la puerta al egoísmo, a las conjeturas impías, maledicencia, envidia, celos y dureza de corazón. Tal es el fruto producido al enfriarse el fervor del primer amor. La lengua no ha sido refrenada como se debía, a causa de la negligencia en la oración. Se ha fomentado la justicia farisaica; muere la espiritualidad, y el resultado es la falta de discernimiento espiritual.

La única esperanza para nuestras iglesias hoy, es arrepentirse y hacer su primera obra. El nombre de Jesús no inflama el corazón con amor. Una ortodoxia mecánica y formalista ha reemplazado a la caridad profunda y ferviente, y al afecto de unos por otros. ¿Prestará alguien oído a la solemne admonición, "Volveos, volveos: y por qué moriréis"? Caed sobre la roca y sed quebrantados; entonces permitid que el Señor Jesús os prepare, os talle y os moldee, como vasos para honra. Bien puede el pueblo temer y temblar ante las palabras: "vendré presto a ti, y quitaré tu candelero de su lugar, si no te hubieres arrepentido". ¿Qué entonces? "Así que si la lumbre que hay en ti son tinieblas, ¿cuántas serán las mismas tinieblas?".

El Espíritu no contenderá por siempre con el corazón lleno de perversidad. El que es infinito y condescendiente, el que pagó el precio de su propia sangre para salvar a su pueblo, se está dirigiendo a ellos. ¿Quién prestará atención a su advertencia? ¿Acaso las iglesias que pretenden creer la verdad para estos últimos días han sido fructíferos árboles de justicia? ¿Por qué es que no están llevando mucho fruto para gloria de Dios? ¿Por qué no están permaneciendo en Cristo, y avanzando de fortaleza en fortaleza, de carácter en carácter?

La palabra del Señor a su pueblo es, "confortaos en el Señor y en la potencia de su fortaleza. Vestíos de toda la armadura de Dios, para que podáis estar firmes contra las asechanzas del diablo". ¿Por qué sucede que el pueblo al que se dirige eso está degenerando en la debilidad y falta de eficiencia, no teniendo el amor de Cristo ardiendo sobre el altar de sus corazones, y siendo por lo tanto incapaz de encender el amor en los corazones de otros?

El pueblo de Dios tiene una evidencia tras otra; tiene verdad poderosa y convincente. ¿Será mantenida en el atrio exterior, de forma que no santifique el alma? Aquella lámpara que una vez alumbró, arrojando luz en medio de las tinieblas del error, ¿se irá apagando gradualmente, hasta extinguirse en las tinieblas?

¿Qué sucedió con Éfeso? No conoció el tiempo de su visitación. No oyó las solemnes admoniciones de Dios. No mantuvo una conexión vital con Cristo, y entraron lobos crueles, que no perdonaron a las ovejas. Esa iglesia, una vez amada por Dios, que hubiese podido difundir sus brillantes rayos en medio de las tinieblas morales para iluminar muchas almas, permitió que su luz se apagara.

Uno de los grandes pecados que está actualmente extinguiendo la luz espiritual es la falta de amor por Jesús y de unos por los otros. "Al que venciere, daré a comer del árbol de la vida, el cual está en medio del paraíso de Dios". Ved el fervoroso y anhelante amor de Jesús, quien presenta a su pueblo los atractivos de la vida eterna, a fin de que puedan captar la gloria del mundo futuro, y recuperar su primer amor. Arrepentirse no está actualmente de moda. Algunos lo contemplan como una obra demasiado humillante, impropia de nuestra época.

[Se citan 1 Juan 1:5-10; 2:9-11] ¿Podría alguna descripción ser más clara y penetrante que la que Juan nos dio? Estas cosas fueron escritas para nosotros y son aplicables a las Iglesias Adventistas del Séptimo Día. Algunos podrán decir: 'Yo no odio a mi hermano; no soy tan malo'. Pero cuán poco comprenden sus propios corazones. Pueden pensar que tienen celo por Dios en sus sentimientos contra su hermano, cuando las ideas de éste parecen estar, de alguna forma, enfrentadas con las de ellos, dando lugar a sentimientos que nada tienen que ver con el amor. No muestran disposición a armonizar con él. Y sea que manifiesten o no la hostilidad contra el hermano, éste puede estar trayendo un mensaje de Dios al pueblo –precisamente la luz que hoy se necesita.

¿Por qué no consideráis, hermanos de tan preciosa fe, que en todas las épocas, cuando el Señor envió un mensaje especial a su pueblo, todos los poderes confederados del mal se pusieron a la obra a fin de evitar que la palabra de verdad llegase a aquellos que debían recibirla?

Si Satanás puede impresionar la mente y agitar las pasiones de quienes pretenden creer la verdad, conduciéndolos así a unirse con las fuerzas del mal, se siente bien complacido. Una vez ha logrado que tomen posición del lado equivocado, tiene sus planes trazados para llevarlos a través de un largo viaje. Mediante sus engañosos ardides hará que actúen según los mismos principios que adoptó en su deslealtad en el cielo. Dan un paso tras otro en el camino falso, hasta que parece no haber otra salida para ellos, excepto insistir en lo mismo, pensando que es justa su amargura de sentimientos hacia sus hermanos. ¿Resistirá el mensajero del Señor la presión ejercida contra él? Si es así, es porque Dios le ordena mantenerse en la fuerza de Él, y vindicar la verdad que Dios le envió.

Cuando los hombres oyen el mensaje del Señor, pero mediante la tentación permiten que el prejuicio cierre la mente y el oído a la recepción de la verdad, el enemigo tiene poder para presentar las cosas más preciosas en una luz distorsionada. Bajo la óptica del prejuicio y la pasión, se sienten demasiado indignados como para investigar las Escrituras con espíritu cristiano, y lo que hacen es repudiar del todo el asunto, debido a que se presentan puntos que no concuerdan con sus propias ideas.

Cuando se presenta un nuevo punto de vista, frecuentemente se suscita la pregunta, '¿Quiénes lo defienden? ¿Cuál es la posición de influencia del que habría de enseñarnos, a nosotros que hemos estado estudiando la Biblia por tantos años?' Dios enviará sus palabras de advertencia por medio del que Él quiera enviar, y la cuestión a dilucidar no es la persona que trae el mensaje; eso no afecta de ninguna manera a la palabra pronunciada. "Por sus frutos los conoceréis".

Frecuentemente predica la verdad aquel que no ha experimentado el poder de ella; pero aun así, es la verdad, y es una bendición para aquellos que, movidos por el Espíritu de Dios, la aceptan. Pero cuando la verdad es presentada por alguien que está santificado por ella, tiene una frescura, una fuerza, que le confiere poder de convicción en el oyente. La verdad se hace preciosa en su poder sobre el corazón, y queda clarificada al ser dirigida a la razón. Ambas cosas son necesarias –la palabra y el testimonio interior del Espíritu.

En relación con el testimonio que nos ha llegado mediante los mensajeros del Señor, podemos decir, 'Sabemos en quién hemos creído'. Sabemos que Cristo es nuestra justicia, no solamente porque así está descrito en la Biblia, sino también porque hemos sentido su poder transformador en nuestros propios corazones.

Ahora, si bien ha habido un determinado esfuerzo por dejar sin efecto el mensaje que Dios ha enviado, sus frutos han estado probando que provenía de la fuente de luz y verdad. Aquellos que han acariciado la incredulidad y el prejuicio, que en lugar de ayudar a hacer la obra que el Señor esperaba que hiciesen, se han interpuesto para cerrar el camino contra toda evidencia, no deben suponer que tienen un sano discernimiento espiritual, tras haber cerrado sus ojos tan persistentemente a la luz que Dios envió al pueblo.

Si es que hemos de tomar parte en esta obra, hasta la terminación de la misma, debemos reconocer el hecho de que hay buenas cosas que han de venir al pueblo de Dios, de una forma que no hemos discernido; y que habrá resistencia de la parte de aquellos que habríamos esperado que se alistasen en una obra tal. Un hombre que es sincero en el error, no está justificado en él, por el hecho de haber abierto su corazón a un tipo de evidencia que lo llevó a condenar lo recto, y por haberlo cerrado a otro tipo de evidencia que, de no haber acariciado el prejuicio, le habría llevado a ver y reconocer lo que es verdad.

¿Por cuánto tiempo tendrá el Señor paciencia con los hombres en su ceguera? ¿Cuánto esperará antes de dejarlos a tientas en su camino hacia las tinieblas totales? No lo podemos determinar.

Si los mensajeros del Señor, tras haberse tenido fielmente por la verdad por un tiempo, caen bajo la tentación, y deshonran a Aquel que les encomendó su obra, ¿probaría eso que el mensaje no era verdadero? No, porque la Biblia es verdadera. "¡A la ley y al testimonio! Si no dijeren conforme a esto, es porque no les ha amanecido". El pecado por la parte del mensajero de Dios alegraría a Satanás, y quienes habían rechazado al mensajero y al mensaje triunfarían; pero eso de ningún modo dejaría sin culpa a los responsables de rechazar el mensaje de verdad enviado por Dios.

Hay algo que acongoja mi alma: La gran falta del amor de Dios, que se ha perdido por la continua resistencia a la luz y la verdad, y la influencia de aquellos que han estado implicados en la labor activa, quienes, ante una evidencia abrumadora, han ejercido su influencia para contrarrestar la obra del mensaje que Dios ha enviado. Les señalo a la nación judía y pregunto, ¿hemos de permitir que nuestros hermanos transiten por la misma senda de ciega resistencia, hasta el mismo fin del tiempo de gracia? Si es que un pueblo haya tenido jamás necesidad de centinelas fieles y verdaderos que no se desvíen del camino, que clamen día y noche, que alcen su voz como trompeta anunciando las advertencias que Dios ha dado, ese es el pueblo Adventista del Séptimo Día.

Quienes han tenido gran luz y benditas oportunidades; quienes, como Capernaum, han sido exaltados hasta el cielo en cuanto a los privilegios, ¿serán, por su negativa a mejorar, dejados en tinieblas proporcionales a la grandeza de la luz que se les dio?

Quisiera suplicar a nuestros hermanos que se reunirán en la Asamblea de la Asociación General que presten oído al mensaje dado a Laodicea. ¡Qué condición de ceguera, la suya! Se os ha llamado la atención una y otra vez al tema, pero vuestra falta de satisfacción con vuestra condición espiritual no ha sido suficientemente profunda y dolorosa como para obrar una reforma. "Tú dices: Yo soy rico, y estoy enriquecido, y no tengo necesidad de ninguna cosa; y no conoces que tú eres un cuitado y miserable y pobre y ciego y desnudo". La culpabilidad del autoengaño pesa sobre nuestras iglesias. La vida religiosa de muchos es una mentira.

Jesús les ha presentado las preciosas joyas de la verdad, las riquezas de su gracia y salvación, las brillantes vestiduras blancas de su propia justicia, confeccionadas en el telar del cielo, que no contienen una sola hebra de invención humana. Jesús está llamando. Abrid la puerta del corazón y comprad de Él el precioso tesoro celestial. ¿Caerán sus ruegos en oídos endurecidos, si no enteramente sordos? ¿Llamará Jesús en vano? "Mirad que no desechéis al que habla". Si oís su voz, y abrís la puerta, vendrá y cenará con vosotros, y vosotros con Él. ¿Responderéis: "Ven, bendito de Jehová; ¿por qué estas fuera?".

Pregunto, ¿qué significa la disensión y la lucha entre nosotros? ¿Qué significa ese espíritu áspero, férreo, que se aprecia en nuestras iglesias e instituciones, y que es tan decididamente anticristiano? Tengo profundo pesar de corazón al comprobar con qué facilidad son criticadas una palabra o acción de los pastores Jones o Waggoner. Qué dispuestas están muchas mentes a ignorar todo el bien que hemos recibido a través de ellos en los años del pasado reciente, no apreciando la evidencia de cómo Dios está obrando a través de esos instrumentos. Van a la caza de algo que condenar, y su actitud hacia estos hermanos que se han implicado a conciencia en una buena obra, demuestra que su corazón alberga sentimientos de enemistad y amargura. Lo que se necesita es el poder convertidor de Dios sobre los corazones y las mentes. Dejad de acechar recelosamente a vuestros hermanos.

Cuando Jesús estaba próximo a dejar a sus discípulos, les dijo, "un mandamiento nuevo os doy: Que os améis unos a otros". Esa es la medida con la que nos debemos amar unos a otros –"como os he amado, que también os améis los unos a los otros. En esto conocerán todos que sois mis discípulos, si tuviereis amor los unos con los otros". Les dijo también, "En esto es glorificado mi Padre, en que llevéis mucho fruto, y seáis así mis discípulos. Como el Padre me amó, también yo os he amado: estad en mi amor".

Observad las palabras de Cristo, y mantenedlas en la mente: "como os he amado, que también os améis los unos a los otros". "Este es mi mandamiento: Que os améis los unos a los otros, como yo os he amado". "Mas no ruego solamente por éstos, sino también por los que han de creer en mí por la palabra de ellos. Para que todos sean una cosa".

¿Cuán plena y perfecta debe ser esa unión? "Como tú, oh Padre, en mí, y yo en ti, que también ellos sean en nosotros una cosa: para que el mundo crea que tú me enviaste. Y yo, la gloria que me diste les he dado; para que sean una cosa, como también nosotros somos una cosa. Yo en ellos, y tú en mí, para que sean consumadamente una cosa; que el mundo conozca que tú me enviaste, y que los has amado, como también a mí me has amado".

¡Qué grandes posibilidades nos presenta Jesús en esas palabras! Dice: "yo les he manifestado tu nombre, y manifestarélo aún; para que el amor con que me has amado, esté en ellos, y yo en ellos". Esas palabras de la oración de Cristo merecen estar destacadas en letras de oro. Debiéramos permanecer en ellas, y presentarlas al mundo con la pluma y la voz.

Pero ¿por qué sucede que los que pretenden creer la verdad no son hacedores de la palabra? ¿Por qué se dice tan poco sobre esos temas que tanto significan para toda iglesia y para todo miembro individual? ¿Creéis que el cielo no mira con estupefacción a aquellos que profesan ser hijos de Dios, y que sin embargo, permanecen sin prestar atención, descuidadamente, desoyendo las inconfundibles palabras de verdad a ellos dirigidas? ¿No es tiempo para nosotros de que vivamos de toda palabra que sale de la boca de Dios?

Muchos hay en el ministerio que no tienen amor por Dios ni por sus semejantes. Están dormidos, y mientras duermen,

Satán siembra su cizaña. El rebaño de Dios está en situación de necesidad de ayuda del cielo, y las ovejas y cabritos están muriendo por falta de alimento. Que aquellos que podrían tener una experiencia profunda y viviente en las cosas de Dios dejen de depender del hombre, incluso de sus propios pastores y maestros, y pongan su confianza plenamente en Dios, utilizando la habilidad que Dios les da para gloria de Él. Cristo debe ser destacado ante el pueblo; ya que contemplándolo es como hemos de ser transformados a su imagen. Dice Jesús, "sin mí nada podéis hacer". Él hizo una amplia expiación, y quien se aferre a Cristo por la fe, tiene la paz con Dios. El Espíritu Santo purifica el corazón, presentando a Dios en nuevas y perdurables perspectivas, como nuestro Padre celestial.

¡Oh, si la maldad pudiese ser quitada de nuestros corazones, si el alma pudiese ser cabalmente purificada! ¡Oh, si el amor de Dios morase en el alma como un principio viviente! Cultivad el amor por Jesús, el amor por aquellos que creen en Él, y por los que van errantes y perecen. Debemos tener el amor que es engendrado en el cielo, y alimentarlo como una planta celestial. La terquedad, que prevalece en una terrible medida, debe eliminarse. Los profesos seguidores de Cristo no deben continuar buscando pequeños puntos de diferencia, entretenerse en ellos, hablar de ellos, y magnificarlos hasta que el amor es expulsado del alma, como lo es el agua de un recipiente roto. Debemos tener la influencia santificadora de la gracia de Cristo en nuestros corazones, o de otro modo todos nuestros actos serán como metal que resuena y címbalo que retiñe.

¿Dará oído el pueblo de Dios a la voz de advertencia, y cultivará el amor? ¿Abandonará sus sospechas y celos? No podrá hacerlo a menos que caiga quebrantado ante Dios. Muchos han cometido, y están cometiendo, disparates mayúsculos. Aman tanto sus propios caminos, que no se rinden al camino de Dios. Muchos han sentido convicción de que afrentaron al Espíritu de Dios por su resistencia a la luz, pero detestan morir al yo, y difieren la tarea de humillar sus corazones y confesar sus pecados. No quieren reconocer que la represión ha sido enviada por Dios, o que la instrucción ha venido del cielo, hasta que desaparezca toda sombra de duda. No anduvieron en la luz. Esperaron resolver la dificultad de alguna forma más fácil que mediante la confesión del pecado, y Satán los ha tomado cautivos, los ha tentado, y la fuerza con la que le han hecho frente no ha sido mas que debilidad.

Se ha ido acumulando evidencia sobre evidencia, pero no han estado dispuestos a reconocerla. Por su actitud obstinada han revelado la enfermedad del alma que en ellos asienta, ya que ninguna evidencia es suficiente para satisfacerles. La duda, la incredulidad, el prejuicio y la terquedad asesinaron todo amor en sus almas. Exigen una seguridad perfecta, pero eso es incompatible con la fe. La fe no descansa en la seguridad, sino en la evidencia. La demostración no es la fe.

Si a los rayos de luz que brillaron en Minneapolis se les permitiese ejercer su poder de convicción en aquellos que tomaron posición contra la luz, si todos hubiesen renunciado a sus caminos, y sometido sus voluntades al Espíritu de Dios en aquella ocasión, habrían recibido la más rica bendición, habrían chasqueado al enemigo, y habrían permanecido como hombres fieles, consecuentes con sus convicciones. Habrían podido tener una rica experiencia. Pero el ego dijo: 'No'. El "yo" no toleró ser herido. Luchó por la supremacía.

Cada una de esas almas será nuevamente probada en los puntos en los que fracasó. Ahora tienen el discernimiento menos claro, menos sumisión, menos amor genuino por Dios y por sus hermanos que cuando fueron puestos a prueba en Minneapolis. En los libros del cielo, en sus registros figura, 'hallado falto'. El "yo" y la pasión engendraron rasgos detestables.

Desde entonces, el Señor ha provisto evidencia abundante en mensajes de luz y salvación. Es imposible hacerles más llamamientos, darles mejores oportunidades, a fin de que hagan aquello que debieron haber hecho en Minneapolis. La luz se ha retirado de algunos, y desde entonces han caminado en los destellos de su propia lumbre. Nadie puede imaginar lo que está en juego cuando se es negligente ante el llamamiento del Espíritu de Dios.

Llegará el día en que muchos desearán hacer lo posible y lo imposible por tener una oportunidad de oír el llamamiento que rechazaron en Minneapolis. Dios tocó los corazones, pero muchos cedieron a otro espíritu, que estimuló sus pasiones inferiores. ¡Oh, si esas pobres almas pudiesen hacer una obra a conciencia, antes que sea demasiado tarde por la eternidad! No llegarán jamás oportunidades mejores, no tendrán nunca sentimientos más profundos. A fin de tener mejores oportunidades en el futuro, deben mejorar las que ya han tenido, rendirse al Espíritu de Dios, y dar oídos a la voz del cielo, que llama a la obediencia a los corazones dispuestos. Dios no va a ser burlado. El pecado cometido en lo sucedido en Minneapolis permanece anotado en los registros de los libros del cielo, ante los nombres de aquellos que resistieron la luz; y permanecerá ahí hasta que se haga confesión plena y los transgresores se tengan ante Dios en completa humildad.

La frivolidad de algunos, los discursos gratuitos de otros, la forma de tratar al mensaje y al mensajero cuando se está en los lugares privados, el espíritu que incitó a la acción desde lo bajo, todo permanece registrado en los libros del cielo. Y cuando esas personas son probadas y llevadas de nuevo al mismo terreno, se revelará el mismo espíritu. Cuando el Señor las ha probado suficientemente, si no se rinden a Él, entonces retirará su Espíritu Santo. Que el Señor conceda que aquellos que están engañados hagan una obra a conciencia antes que termine el tiempo de gracia.

Dios elige al que Él quiere, para que lleve el mensaje. Éste debe declarar el mensaje de Dios sin reservas. A Jonás le fue encomendado el anuncio de la destrucción de Nínive. Por un tiempo rehusó predicar las palabras que Dios le dio. Desmayando por el temor, descontento con el mensaje terrible que se le había encomendado, se dio prisa a escapar del lugar al que se le envió. Fue un profeta desobediente; huyó del deber. Pero cuando Dios habla al hombre, encargándole que lleve su mensaje al pueblo, es por algo. Aquellos a quienes se encarga llevar un mensaje deben avanzar, no importa los obstáculos amenazantes que se interpongan en el camino.

Los que pretenden tener la verdad, y sin embargo ponen todo obstáculo posible en el camino, a fin de que la luz no llegue al pueblo, tendrán una cuenta que saldar con Dios que no les va a ser nada agradable de afrontar. Dios dirige su propia obra, y ¡Ay de aquel que ponga su mano en el arca de Dios! —*Carta escrita el 1 setiembre 1892, desde North Fitzory, Victoria, a O.A. Olsen, presidente de la Asociación General; The EGW 1888 Materials, p. 1017-1032. (Carta 19d).*

CAPÍTULO TRES

La Necesidad De Investigación Sincera, A Fin De Conocer La Verdad

> *"Se debe ejercer el máximo cuidado, no sea que despreciemos el Espíritu de Dios al tratar con indiferencia y desdén al mensajero y mensajes que Dios envía a su pueblo, y rechacemos así la luz, debido a que nuestros corazones no están en armonía con Él.*

Debemos poseer mayor sabiduría de la que hemos manifestado hasta ahora, en relación a cómo tratamos a aquellos que, en algunos puntos de la fe, difieren francamente de nosotros. Es impropio de alguien que pretende ser seguidor de Cristo, el ser hiriente y denunciatorio, el rebajarse a ridiculizar las opiniones de otro. El espíritu de crítica incapacita a los hombres para recibir la luz que Dios quisiera enviarles, y para discernir lo que es evidencia de la verdad. Si el Señor revelase la luz de acuerdo con su propio plan, muchos no lo respetarían ni comprenderían; ridiculizarían al portador del mensaje de Dios como si se exaltase a sí mismo por encima de aquellos que están mejor calificados para enseñar.

Las autoridades papales, primeramente ridiculizaron a los reformadores, y cuando tal cosa no logró apagar el espíritu de investigación, los encerraron en las prisiones, les pusieron cadenas, y cuando tampoco eso bastó para silenciarlos o hacer que se retractasen, los llevaron a la hoguera y la espada. Debemos ser muy cuidadosos en no dar los primeros pasos por ese camino que conduce a la Inquisición. La verdad de Dios es progresiva; va siempre en aumento, de fortaleza en fortaleza aún mayor, hacia una luz mayor. Tenemos todas las razones para creer que el Señor nos enviará mayor verdad, ya que queda aún por hacer una gran obra. En nuestro conocimiento de la verdad, primeramente hay un comienzo en su comprensión, luego una progresión, y más tarde la plenitud; primero la plántula, luego la mazorca, y tras ello, el maíz en su plenitud. Ha habido una gran pérdida, debido a que nuestros pastores y nuestro pueblo han llegado a la conclusión de que ya hemos recibido toda la verdad que nos era esencial como pueblo; pero una conclusión tal es errónea, y armoniza con los engaños de Satanás, ya que la verdad se estará desplegando constantemente.

Se debe ejercer el máximo cuidado, no sea que despreciemos el Espíritu de Dios al tratar con indiferencia y desdén al mensajero y mensajes que Dios envía a su pueblo, y rechacemos así la luz, debido a que nuestros corazones no están en armonía con Él. Cuando se recibe verdaderamente el cristianismo, transformará siempre el corazón y moldeará el carácter. Que aquellos que se tienen por dignos de exponer la palabra de Dios, aquellos a quienes ha sido encomendado el cuidado del rebaño de Dios, como hombres humildes y sabios, abran sus Biblias con corazones llenos de gratitud y estudien sus preciosas declaraciones. El mensajero de Dios no solamente debe estudiar las Escrituras, sino que debe urgir a la gente a estudiar igualmente la palabra de verdad. Como el minero busca el oro en las rocas de las montañas, así deben los hombres cavar en la mina de la verdad, a fin de que puedan encontrar lo que Dios ha revelado concerniente a la salvación del hombre.

Si acudís a la Biblia simplemente para encontrar textos con que probar vuestras teorías o vindicar vuestra opinión, no seréis iluminados por el Espíritu de Dios; pero si acudís con ayuno y humillación del alma, con amor en vuestro corazón hacia el hombre y hacia Dios, vuestras oraciones serán contestadas, y en vosotros será hecha la luz. Necesitamos abandonar los prejuicios que nos han tenido atados durante años. Si habéis estado durante años en la verdad, y algún hermano que es mucho más joven en edad y en la fe es llamado a enseñar, vuestra edad, vuestra posición, vuestra inteligencia y comprensión de las Escrituras no os dan licencia para tratar a ese hermano con indiferencia y falta de respeto. Timoteo aprendió muchas cosas de Pablo. Aunque era joven, obtuvo el conocimiento de la palabra de Dios mediante esfuerzo diligente. Dedicó sus capacidades a la obra de comprender la palabra de Dios, y fue ricamente recompensado. Pablo escribió a Timoteo: "Si esto propusieres a los hermanos, serás buen ministro de Jesucristo, criado en las palabras de la fe y de la buena doctrina, la cual has alcanzado... Medita estas cosas; ocúpate en ellas; para que tu aprovechamiento sea manifiesto a todos. Ten cuidado de ti mismo y de la doctrina; persiste en ello; pues haciendo esto, a ti mismo salvarás y a los que te oyeren". A Timoteo, no siendo más que un joven, le fueron encomendadas solemnes responsabilidades. La implicación alcanza hasta nuestro día en relación con él, y con otros jóvenes discípulos de Cristo, "Ninguno tenga en poco tu juventud".

Samuel fue elegido como siervo de Dios desde su misma infancia. Dios le pudo comunicar su palabra, mientras que tuvo que pasar de largo al anciano Elí, quien no había sido cuidadoso en hacer la voluntad de Dios, o en poner en práctica su instrucción. Elí no tuvo la osadía de pretender que a menos que el mensaje viniese mediante ancianos y honrados siervos de Dios, no podía considerarse como autorizado, ni proveniente de Dios. Con toda deferencia hacia el joven agente, Elí aceptó la palabra de Dios de los labios del niño Samuel. Aquellos que han desempeñado un papel prominente en la obra, deben tener gran cuidado con pensar que es imposible que la luz venga al pueblo de Dios, si no es a través de ellos. Si son mansos y humildes de corazón, libres de prejuicios y de exaltación propia por haber sido altamente privilegiados, se harán uno con los hombres jóvenes a quienes Dios ha educado para desempeñar una parte especial en su obra. Esos hombres jóvenes gozarán de la gran bendición de depender de la experiencia de los hermanos de mayor edad, si aquellos que han estado durante años en la obra no se empeñan en hacer valer su dignidad, si el "yo" no asume la prominencia, para dejar en la insignificancia a los hermanos jóvenes. Si tal es el caso, Dios no puede emplearlos en la obra.

Entre vosotros hay siempre un testigo que lee los motivos, que conoce los pensamientos y propósitos del corazón. Hay seguridad en ser siempre amable y cortés, en mostrarse sinceramente amigables y llenos de amor por vuestros hermanos. En los consejos o asambleas en donde han de considerarse diferencias de puntos de vista, debéis recordar que el Maestro de toda asamblea está entre vosotros. La injusticia, las palabras ásperas, y los esfuerzos por hacer que otros se vuelvan atrás de una decisión imparcial, serán todos registrados en los libros del cielo. Si, mediante una investigación honesta, vuestras ideas acariciadas resultan debilitadas al ser comparadas con la ley y el testimonio, no os permitáis un espíritu obstinado, duro, terco, en oposición a lo que veis que son evidencias en contra de vuestros puntos de vista. Permitid que sea Dios quien hable en su palabra. Si pensáis que vuestro hermano cree un error, debéis tratarlo con consideración, manifestando bondad, paciencia y cortesía. Debéis razonar con él a partir de la palabra de Dios, comparando escritura con escritura, considerando cuidadosamente cada partícula de evidencia. Jamás haréis de sus palabras motivo de ridículo, ya que "No juzguéis, para que no seáis juzgados. Porque con el juicio con que juzgáis, seréis juzgados; y con la medida con que medís, os volverán a medir".

Pablo encargó a Timoteo: "Huye también los deseos juveniles; y sigue la justicia, la fe, la caridad, la paz, con los que invocan al Señor de puro corazón. Empero las cuestiones necias y sin sabiduría desecha, sabiendo que engendran contiendas. Que el siervo de Dios no debe ser litigioso, sino manso para con todos, apto para enseñar, sufrido; que con mansedumbre corrija a los que se oponen: si quizá Dios les dé que se arrepientan para conocer la verdad, y se zafen del lazo del diablo, en que están cautivos a voluntad de él".

"Hermanos, si alguno fuere tomado en alguna falta, vosotros que sois espirituales, restaurad al tal con el espíritu de mansedumbre; considerándote a ti mismo, porque tú no seas también tentado. Sobrellevad los unos las cargas de los otros; y cumplid así la ley de Cristo. Porque el que estima de sí que es algo, no siendo nada, a sí mismo se engaña. Así que cada uno examine su obra, y entonces tendrá gloria sólo de sí mismo, y no en otro". Que todo hombre obedezca esas directrices. Tenéis ante vosotros el ejemplo de Cristo. Aunque merecía en toda justicia ser servido y honrado por todos, no por eso buscó la honra de los hombres; no vino a ser servido, sino a servir. "A lo suyo vino, y los suyos no le recibieron". Todo el mundo le pertenecía; pero al ser rechazado en pueblos y ciudades, no hizo valer su propio derecho, sino que iba a otra población a enseñar la verdad, sea que la oyesen o no. Que toda alma vele, no vaya a encontrarse entre aquellos que desprecian, dudan y perecen, que se retiran de Cristo en la persona de sus santos, y atraen sobre sí mismos la condenación que cayó sobre los judíos.

Los maestros del pueblo en el tiempo de Cristo estaban plenamente satisfechos con ellos mismos. Mantenían consejos y se animaban uno al otro en sus ideas y opiniones, y Satán estaba en sus asambleas controlando sus decisiones. Procuraban que el pueblo temiese escuchar las palabras de Cristo. Amenazaban con echar de la sinagoga a aquellos que daban oído a su doctrina, cosa que era considerada por el pueblo como la mayor maldición que sobre ellos podía caer. Los escribas y fariseos habían urdido sus planes, y no tenían la intención de cambiar el curso de su vida ni su manera de enseñar. Oirían a Cristo, pero rehusaban permitir que su enseñanza tuviese en ellos el más mínimo efecto. Fingían ser sus amigos con el fin de provocarlo en diferentes asuntos. Le planteaban diversas cuestiones difíciles para que, respondiera lo que respondiera, pudieran emplear sus palabras en contra suya.

En cierta ocasión, los escribas y fariseos "le traen una mujer tomada en adulterio; y poniéndola en medio, dícenle: Maestro, esta mujer ha sido tomada en el mismo hecho, adulterando; y en la ley Moisés nos mandó apedrear a las tales: tú pues, ¿qué dices? Mas esto decían tentándole, para poder acusarle. Empero Jesús, inclinado hacia abajo, escribía en tierra con el dedo. Y como perseverasen preguntándole, enderezóse, y díjoles: El que de vosotros esté sin pecado, arroje contra ella la piedra el primero. Y volviéndose a inclinar hacia abajo, escribía en tierra. Oyendo, pues, ellos, redargüidos de la conciencia, salíanse uno a uno, comenzando desde los más viejos, hasta los postreros".

Aunque Jesús daba evidencia de su poder divino, sin embargo no se le permitió que enseñase sus lecciones sin interrumpirlo. Los dirigentes procuraron ponerlo en ridículo ante el pueblo. No permitirían que expresase sus ideas y doctrinas de una forma conexa, pero aunque interrumpido frecuentemente, se hizo la luz en las mentes de cientos de personas, y cuando los dirigentes oyeron las palabras de Jesús, revestidas de poder y que tenían embelesado al auditorio, se enojaron, y dijeron, "tu eres samaritano, y tienes demonio". Jesús soportó esas acusaciones con calmada dignidad, declarando sin temor que los beneficios del pacto se centraban en Él, y no se recibían por descendencia de Abraham. Dijo, "Antes que Abraham fuese, yo soy". La furia de los judíos no conocía límites, y se dispusieron a apedrearlo, pero ángeles de Dios, invisibles a los hombres, lo sacaron apresuradamente de aquella asamblea.

Hay hombres entre nosotros que profesan comprender la verdad para estos últimos días, pero que no investigarán calmadamente la verdad avanzada. Están determinados a no realizar avance alguno, más allá de los límites que han marcado, y no prestarán oído a aquellos que, según creen ellos, no se mantienen en los antiguos hitos. Son tan autosuficientes que no es posible razonar con ellos.

Consideran una virtud estar en desacuerdo con sus hermanos, y cerrar la puerta, a fin de que la luz no pueda llegar al pueblo de Dios. Requerirá sabiduría celestial el saber cómo tratar con tales casos. La luz vendrá al pueblo de Dios, y aquellos que han procurado cerrar la puerta tendrán que arrepentirse, o bien ser quitados del camino. Ha llegado el momento de dar un nuevo ímpetu a la obra. Escenas terribles están por llegar ante nosotros, y Satanás se esfuerza por ocultar de nuestro entendimiento precisamente aquello que Dios quiere que conozcamos. Dios tiene mensajeros y mensajes para su pueblo. Si se presentan ideas que difieren en ciertos puntos de nuestras doctrinas anteriores, no debemos condenarlas sin estudio diligente de la Biblia, para ver si son verdaderas.

Debemos ayunar, orar e investigar las Escrituras tal como lo hicieron los nobles habitantes de Berea, para ver si estas cosas eran así. Debemos aceptar cada rayo de luz que viene a nosotros. Mediante la oración ferviente, y el estudio diligente de la palabra de Dios, las cosas oscuras se aclararán al entendimiento. —*Signs of the Times, 26 mayo 1890.*

Capítulo Cuatro
El Peligro De Rechazar La Luz

> *Todo el sistema de la religión judía consistía en el evangelio de Cristo presentado en tipos y símbolos. Por lo tanto, cuán impropio era para los que vivían bajo la dispensación judía, el rechazar y crucificar a Aquel que era el originador y fundamento de aquello en lo que pretendían creer.*

"Entonces les abrió el sentido, para que entendiesen las Escrituras". Antes que les hubiese abierto el sentido, los discípulos no habían comprendido el significado espiritual de lo que Cristo les había enseñado. Ahora hace falta que las mentes del pueblo de Dios sean abiertas para comprender las Escrituras. El decir que un pasaje significa justamente tal cosa, y nada más que eso; que no se debe atribuir ningún significado más amplio a las palabras de Cristo del que teníamos en el pasado, es decir algo que no proviene del Espíritu de Dios. Cuanto más andemos a la luz de la verdad, más semejantes a Cristo nos haremos en espíritu, en carácter, y en el carácter de nuestra obra, y la verdad se volverá más clara. A medida que contemplamos la luz creciente de la revelación, se volverá más preciosa de lo que primeramente la estimamos, cuando la oímos o examinamos de forma casual. La verdad, tal cual es en Jesús, es susceptible de expansión constante, de nuevo desarrollo, y lo mismo que su divino Autor, vendrá a hacérsenos más preciosa y bella; revelará constantemente más profundo significado y llevará al alma a anhelar una conformidad más perfecta con su exaltada norma. Una comprensión tal de la verdad elevará la mente y transformará el carácter a su divina perfección.

Todo el sistema de la religión judía consistía en el evangelio de Cristo presentado en tipos y símbolos. Por lo tanto, cuán impropio era para los que vivían bajo la dispensación judía, el rechazar y crucificar a Aquel que era el originador y fundamento de aquello en lo que pretendían creer. ¿Dónde estuvo su equivocación? –Se equivocaron al no creer lo que los profetas habían dicho referente a Cristo, "para que se cumpliese el dicho que dijo el profeta Isaías: ¿Señor, quién ha creído a nuestro dicho? ¿y el brazo del Señor, a quién es revelado? Por esto no podían creer, porque otra vez dijo Isaías: Cegó los ojos de ellos, y endureció su corazón; porque no vean con los ojos, y entiendan de corazón, y se conviertan, y yo los sane".

No es Dios quien tapa los ojos de los hombres, ni quien endurece sus corazones; es la luz que Dios envía a su pueblo, para corregir sus errores, para llevarlos a caminos seguros, pero que rehusan aceptar; eso es lo que ciega sus mentes y endurece sus corazones. Escogen dar la espalda a la luz, andar obstinadamente en los destellos de su propia iluminación, y el Señor declara positivamente que terminarán en el lamento. Cuando un rayo de luz enviado por el Señor no es reconocido, se produce un entorpecimiento parcial de las percepciones espirituales, y se discierne menos claramente la subsiguiente revelación de luz, de modo que las tinieblas van en constante aumento hasta que se hace la noche en el alma. Cristo dijo, "¿cuántas serán las mismas tinieblas?".

El universo entero está estupefacto al comprobar que los hombres no ven ni reconocen los brillantes rayos de luz que están brillando sobre ellos; pero si cierran sus corazones a la luz, y pervierten la verdad hasta interpretarla como tinieblas, llegarán a imaginar que su propio criticismo e incredulidad es luz, y no confesarán su oposición a los caminos y obras de Dios. Siguiendo un curso como ese, hombres que deberían haber permanecido firmes hasta el fin, colocarán su influencia contra el mensaje y el mensajero que Dios envía. Pero en el día del juicio, cuando se haga la pregunta, '¿Por qué os interpusisteis a vosotros mismos, vuestro juicio e influencia, entre el pueblo y el mensaje de Dios? Entonces no tendrán nada que responder. Si abren entonces sus labios, será solamente para constatar que ahora ven la verdad tal como Dios la ve. Confesarán que estaban llenos de orgullo, que confiaban en su propio juicio, y que fortalecieron las manos de aquellos que procuraban derribar lo que Dios había ordenado que se erigiera. Dirán, 'aunque la evidencia de que Dios estaba obrando era firme, no quise reconocerla; ya que no estaba en armonía con lo que yo había enseñado. No era mi hábito el confesar ningún error en mi experiencia en el pasado; era demasiado terco como para caer sobre la Roca y ser quebrantado. Determiné resistir, y no ser convertido a la verdad. No quise aceptar la posibilidad de estar en un curso de acción equivocado, en el más mínimo grado, y mi luz se volvió en tinieblas'. A los tales se aplican las palabras, "¡Ay de ti, Corazín! ¡Ay de ti, Bethsaida! Porque si en Tiro y en Sidón fueran hechas las maravillas que han sido hechas en vosotras, en otro tiempo se hubieran arrepentido en saco y en ceniza".

Cuando el profeta miró a través de las edades, y contempló la ingratitud de Israel al serle mostrada en visión su incredulidad, vio también algo que trajo alegría al corazón, y que le dio un sentido vívido de la bondad del Dios de Israel. Dijo, "De las misericordias de Jehová haré memoria, de las alabanzas de Jehová, conforme a todo lo que Jehová nos ha dado, y de la grandeza de su beneficencia hacia la casa de Israel, que les ha hecho según sus misericordias, según la multitud de sus miseraciones. Porque dijo: ciertamente mi pueblo son, hijos que no mienten; y fue su Salvador. En toda angustia de ellos él fue angustiado, y el ángel de su faz los salvó: en su amor y en su clemencia los redimió, y los trajo, y los levantó todos los días del siglo". Pero por su propio curso de rebelión, la bendición de Dios hacia Israel le fue retirada. Debió cosechar lo que había sembrado al cuestionar y manifestar incredulidad. Dice el relato, "mas ellos fueron rebeldes, e hicieron enojar su Espíritu Santo; por lo cual se les volvió enemigo, y él mismo peleó contra ellos". El Señor no quiera que la historia de los hijos de Israel al dar la espalda a Dios, al rehusar andar en la luz, al rehusar confesar sus pecados de incredulidad y rechazo de sus mensajes, resulte ser la experiencia del pueblo que pretende creer la verdad para este tiempo. Ya que, si hacen como hizo el pueblo de Israel ante las advertencias y admoniciones, en estos últimos días les sucederá lo mismo que les aconteció a los hijos de Israel. El apóstol amonesta, "Si oyereis hoy su voz, no endurezcáis vuestros corazones como en la provocación, en el día de la tentación en el desierto, donde me tentaron vuestros padres; me probaron, y vieron mis obras cuarenta años. A causa de lo cual me enemisté con esta generación, y dije: Siempre divagan ellos de corazón, y no han conocido mis caminos. Juré, pues, en mi ira: No entrarán en mi reposo". Viene a continuación la advertencia del apóstol, resonando hasta nuestros días: "Mirad, hermanos, que en ninguno de vosotros haya corazón malo de incredulidad para apartarse del Dios vivo; antes exhortaos los unos a los otros cada día, entre tanto que se dice Hoy; porque ninguno de vosotros se endurezca con engaño de pecado: porque participantes de Cristo somos hechos, con tal que conservemos firme hasta el fin el principio de nuestra confianza".

La exhortación del apóstol se aplica a nosotros, tanto como a los destinatarios de la epístola. "Temamos, pues, que quedando aún la promesa de entrar en su reposo, parezca alguno de vosotros haberse apartado. Porque también a nosotros se nos ha evangelizado como a ellos". Cristo educó al pueblo en los principios del cristianismo, hablando desde la nube y desde la columna de fuego, de día y de noche; pero no obedecieron sus palabras, y el apóstol nos presenta la consecuencia de su desobediencia, señalando que fueron confinados al desierto debido a su rebelión. Dice, "Porque también a nosotros se nos ha evangelizado como a ellos; mas no les aprovechó el oír la palabra a los que la oyeron sin mezclar fe". ¿Prestaremos oído, nosotros que estamos viviendo cerca del final de la historia de este mundo? ¿Oiremos la advertencia del apóstol, "Temamos, pues, que quedando aún la promesa de entrar en su reposo, parezca alguno de vosotros haberse apartado"? El Señor quisiera que su pueblo confiara en él y permaneciera en su amor, pero eso no significa que no tendremos temor o dudas. Algunos parecen pensar que si alguien tiene un saludable temor de los juicios de Dios, eso demuestra que está destituido de la fe. Pero no es así. El debido temor de Dios, al creer sus amenazas, obra frutos apacibles de justicia, haciendo que el alma temblorosa vaya hacia Jesús. Muchos debieran hoy tener un espíritu tal, y volverse al Señor en humilde contrición, ya que el Señor no ha dado tantas conminaciones terribles ni pronunciado juicios tan severos en su palabra, simplemente para que quedasen ahí escritos. No: quiere decir lo que dice. Alguien escribió, "Horror se apoderó de mí, a causa de los impíos que dejan tu ley". Pablo afirma, "Estando pues poseídos del temor del Señor, persuadimos a los hombres".

Debemos presentar el amor de Dios, y cuando se lo presenta en demostración del Espíritu, tiene poder para romper cualquier barrera que separe a Cristo del alma, a condición de que el pecador se someta a su influencia, y se entregue totalmente a Dios; pero se emite una severa reprensión y denuncia contra aquellos que no quieran ser atraídos hacia Cristo, que no se dejen impresionar por el maravilloso despliegue de su amor. La palabra de Dios declara, "el que no creyere, será condenado". "Procuremos pues de entrar en aquel reposo; que ninguno caiga en semejante ejemplo de desobediencia. Porque la palabra de Dios es viva y eficaz, y más penetrante que toda espada de dos filos: y que alcanza hasta partir el alma, y aun el espíritu, y las coyunturas y tuétanos, y discierne los pensamientos y las intenciones del corazón". En esas palabras hay algo terrible para los obradores de maldad, y deberían bastar para convencerlos de su autosuficiencia, y hacerles sentir el terror del Señor. Pero la dulce voz de la gracia implora a todo el que quiera oír, diciendo, "He aquí, he dado una puerta abierta delante de ti"; "He aquí, yo estoy a la puerta y llamo: si alguno oyere mi voz y abriere la puerta, entraré a él, y cenaré con él, y él conmigo".

Los que tienen fe en los mensajes de Dios lo harán manifiesto en su espíritu, palabras y acciones. No tenemos que pararnos a presentar excusas por la incredulidad; debemos reconocer nuestro error, y ser celosos y arrepentirnos. Dice la Escritura: "Pero tengo contra ti que has dejado tu primer amor. Recuerda por tanto de dónde has caído, y arrepiéntete, y haz las primeras obras; pues si no, vendré presto a ti, y quitaré tu candelero de su lugar, si no te hubieres arrepentido".

Cuando el Señor envía luz a su pueblo, significa que éste debe estar atento para oír, y dispuesto para recibir el mensaje. Con gran magnanimidad, espera a que el hombre vuelva en sí. Durante 120 años esperó que la gente del mundo antiguo recibiese la advertencia del diluvio. Quienes rechazaron el mensaje, convirtieron su gran paciencia y benignidad en una ocasión para la burla y la incredulidad. El mensaje y el mensajero vinieron a ser objeto de ridículo. Se criticó y escarneció el celo y fervor de Noé en llamarlos a que se volviesen de su mal camino. Dios no tiene prisa por cumplir sus planes, ya que Él es desde la eternidad hasta la eternidad. Él proporciona luz y abre su verdad más plenamente a aquellos que la recibirán, a fin de que ellos, a su vez, tomen las palabras de advertencia y ánimo, y las den a otros. Si los hombres de reputación e inteligencia rehusan hacer eso, el Señor escogerá otros instrumentos, honrando a aquellos que son considerados como inferiores. Si aquellos que están en posiciones de confianza ponen todo su corazón en la obra, llevarán el mensaje para este tiempo, e impulsarán el avance de la obra; pero Dios honrará a aquellos que le honren.

Hay pastores que pretenden estar enseñando la verdad, cuyos caminos son una ofensa para Dios. Predican, pero no practican los principios de la verdad. Debe ejercerse gran cuidado al ordenar hombres para el ministerio. Debe haber una cuidadosa investigación de su experiencia. ¿Conocen la verdad, y practican sus enseñanzas? ¿Tienen un carácter de buena reputación? ¿Son indulgentes en ligerezas y chistes, en bromas y chanzas? ¿Revelan en la oración el espíritu de Dios? ¿Es santa su conversación, intachable su conducta? Todas esas cuestiones deben hallar respuesta antes de imponer las manos a cualquier hombre que se dedique a la obra del ministerio. Debemos dar oído a las palabras inspiradas, "no impongas de ligero las manos a ninguno". Debemos elevar la norma más de lo que lo hemos hecho hasta ahora, al seleccionar y ordenar a hombres para la sagrada obra de Dios. —*Review and Herald, 21 octubre 1890.*

Capítulo Cinco
Como Coré, Dathán y Abiram

> *Andad en la luz entre tanto que tenéis luz, para que las tinieblas no vengan sobre vosotros. No hay seguridad en mantenerse en la crítica, cerrando la puerta del corazón a la luz que el Señor, en su amante bondad, ha calificado a sus siervos para comunicar.*

Los siervos de Dios deben inculcar en todos la importancia de buscar por sí mismos lo que es verdad, velando y orando por una más clara comprensión de la palabra. Dirigidlos al Maestro una y otra vez. Si al pueblo llano de la nación judía se le hubiese permitido recibir su mensaje, sus preciosas lecciones de instrucción, si hubiesen sabido que era el poseedor de la vida, no habrían rechazado a Jesús, la luz del mundo, su Rey y Redentor. Pero los sacerdotes y gobernantes los extraviaron. Que aquellos a quienes Dios ha concedido razón investiguen las Escrituras por sí mismos, obteniendo una experiencia y conocimiento por ellos mismos. Escudriñen con corazones humillados y subyugados, buscando fervientemente el precioso oro. Hay para los hombres demasiado en juego como para aceptar las opiniones de sus semejantes, dejando de deleitarse en escudriñar por ellos mismos, tal como hicieron los nobles Bereanos.

Andad en la luz entre tanto que tenéis luz, para que las tinieblas no vengan sobre vosotros. No hay seguridad en mantenerse en la crítica, cerrando la puerta del corazón a la luz que el Señor, en su amante bondad, ha calificado a sus siervos para comunicar. Es un asunto serio comportarse como Coré, Dathán y Abiram, engañarse hasta el punto de llamar luz a las tinieblas y a las tinieblas luz, considerar como error las verdades del mensaje del tercer ángel, y aceptar el error como verdad. Dios, quien dio a su Hijo unigénito para salvar el alma de la ruina, muriendo en el lugar del transgresor, pide de sus seguidores que efectúen en este tiempo de peligro una obra distinta a la de contrarrestar las manifestaciones de su Espíritu en aquellos que están procurando hacer su voluntad. La única seguridad contra el fracaso está en el cumplimiento del elevado deber de representar a Cristo. Esa es nuestra única seguridad de no estar haciendo un daño infinito a las almas. La consagración absoluta, la completa rendición del ser entero a la obra del Espíritu de Dios: sólo eso es aceptable para Dios. Una piedad de ese carácter se hará evidente a sí misma. Dios requiere de todos los que profesan ser sus seguidores que estén en guardia. Somos espectáculo al mundo, a los ángeles y a los hombres. Hemos de recibir luz de la fuente de toda luz, y permitir que brille sobre otros, para que no se apague. Hay entre nosotros hombres de experiencia y habilidad, que deben encontrar su lugar en la obra, cuando el Señor lo permita. Haced sitio para esos hombres, hermanos. Ofrecedles un lugar. Michigan y muchos otros estados carecen prácticamente de obreros; sin embargo se ha animado poco a hombres que de ser animados, harían una buena obra. Dadles vuestra confianza. Todos son humanos, y es posible apreciar imperfecciones en vuestros obreros, no los llevéis mediante vuestras palabras y acciones a perder toda confianza en ellos mismos, a pensar que no pueden hacer nada. Aprovechad todo vestigio de habilidad que Dios pone a vuestro alcance. Cultivad los talentos confiados a los seres humanos. No os apartéis de aquellos que yerran en el juicio. Recordad que vosotros tenéis faltas que no veis. Intentad corregir sus equivocaciones. Animadlos a vencer, así como desearíais ser animados de encontraros en su lugar.

Hay una gran obra por hacer. Todos necesitamos el talento que el hermano Smith ha adquirido en su experiencia. Dios le llama a acudir a su santo monte, a fin de que oiga su voz y contemple su gloria, a fin de que pueda reflejarla sobre aquellos con los que se asocia. Debe trabajar con la vista puesta enteramente en la gloria de Dios. Necesita beber plenamente del espíritu y poder de la verdad presente. Tiene una mente lógica, y puede ver a través de los argumentos débiles y desprovistos de valor que tan a menudo se presentan y promocionan como correctos.

Necesitamos al hermano [Elder] Littlejohn. Es valioso el talento de su intelecto, y sus hermanos pueden ayudarle mostrando que aprecian su habilidad. Requiere considerable labor y esfuerzo mental agotador el desarrollar al máximo las capacidades morales con que la naturaleza, el estudio y la palabra de Dios le han dotado. Su éxito será proporcional a su devoción y consagración, más bien que a su habilidad natural y adquirida. El hermano Littlejohn debería ocupar un lugar en vuestros consejos. El Señor le ha dado talentos para ser usados para su gloria. Si está santificado, su juicio claro y consistente será de gran ayuda en vuestras deliberaciones. Si se conecta con Dios, entonces podrá emplearlo. Pero tendréis que abrirle el camino si obra positivamente. Si mostráis un aprecio escaso por su tiempo y labor, lo separáis de la obra y lo desanimáis de implicarse en el servicio activo. Eso significará una pérdida para él y para la causa de Dios.

Tened siempre presente que el hermano Littlejohn ha sido privado del sentido de la vista. Hermanos, cumplid vuestro deber animándole a emplear su habilidad en la obra. Se ha demostrado falta de fe al practicar una economía demasiado severa. La economía es algo encomiable, pero existe el peligro de llevarla demasiado lejos. Habéis ido a los extremos en eso. Se han pronunciado agudas palabras, en relación con los emolumentos asignados al hermano Littlejohn por su labor. Aquellos que han puesto piedras de tropiezo en su camino, que han pensado que estaba pidiendo demasiado, han demostrado cuál era el espíritu que los controlaba. Muchos que poseen abundancia de recursos, y que han sido bendecidos con la integridad de sus sentidos, han demostrado un espíritu mezquino que ofende a Dios. Cultivando así el egoísmo, son la causa de que se escriban capítulos oscuros en los libros del cielo. No proceden con ecuanimidad. No traen la misericordia y el amor de Dios a su experiencia religiosa. Son hoy pesados en las balanzas del santuario, y hallados faltos. Serían capaces hasta de privar a un hombre ciego de sus derechos.

Podéis estar prestos a ver cosas en el hermano Littlejohn que no os satisfacen. Decís que es puntilloso en asuntos de tesorería. ¿Acaso es deshonesto? Se ha equivocado en algunas cosas, pero aquellos que han pronunciado juicio contra él han cometido y continúan cometiendo errores en su experiencia religiosa. Aquellos que se han sentido tan libres para criticar deben recordar que el hermano Littlejohn es ciego. Si leéis las Escrituras del Antiguo Testamento comprobaréis que el Señor tiene una especial consideración hacia los ciegos. Dios tiene un amor que excede el de una madre por sus hijos afligidos, y ha dado directrices especiales al respecto de cómo se los debe tratar. Aquellos que durante varios años en el pasado no han hecho diferencia entre los que son ciegos y los que pueden ver, han desobedecido la voz del Señor. Han seguido sus propios impulsos, al margen de las enfermedades de los hombres que podrían ser una ayuda y bendición para la obra, si se les diese un lugar en ella. Quienes tratan con frialdad a sus hermanos afligidos, siguen un curso de acción que Dios condena.

El Señor tiene a hombres previstos para determinadas ocasiones. Uno hace su parte, haciendo que el pueblo le siga en reformas. El Señor levanta a otro que responde al llamado del deber diciendo: 'Heme aquí, envíame a mí'. El Señor lo pone a prueba, para ver si actuará con justicia, amará misericordia, y caminará humildemente con Dios. Pero cuando un hombre comienza a considerar su juicio como infalible, Dios no puede seguir empleándolo más como representante de lo que debe ser un hombre que ocupa una posición de responsabilidad. La instrucción dada por Dios es que su pueblo debe avanzar siempre hacia adelante y hacia arriba. Muchos dejan de seguir avanzando más allá de hasta donde les llevan sus instructores. Tal dificultad se ha dado en toda época del mundo cristiano. Los siervos de Dios encuentran su mayor éxito entre aquellos que no están "casados" con el que fue su maestro; entre los que se preguntan '¿es éste el camino del Señor?'

Así progresa la obra. Dios tiene sus hombres de oportunidad, que están prestos a cumplir su deber, que dan un fresco ímpetu a la obra trayendo alimento para las almas necesitadas, que esperan, oran, velan y obran. Aseguraos de no elegir para actuar en vuestros consejos a hombres que resistieron al Espíritu de Dios y se han opuesto a la verdad y la justicia.

En el temor y amor de Dios, digo a aquellos ante quienes comparezco hoy, que hay una luz extra para nosotros, y que con la recepción de esa luz vienen grandes bendiciones. Y cuando veo a mis hermanos reaccionar airadamente contra los mensajes y mensajeros de Dios, pienso en escenas similares en la vida de Cristo y de la Reforma. La recepción dada a los siervos de Dios en las edades pasadas es la misma que se da hoy a aquellos a través de los cuales Él está enviando preciosos rayos de luz. Los dirigentes del pueblo siguen hoy el mismo curso de acción que siguieron los Judíos. Critican, suscitan una cuestión tras otra, y rehusan admitir la evidencia, tratando la luz que se les envía de la misma manera en que los judíos trataron la luz que Cristo les trajo.

En la obra de Cristo no puede haber neutralidad, no hay camino intermedio. Él declaró: 'El que no es conmigo, contra mí es; y el que conmigo no recoge, derrama'. Jesús veía y leía como en un libro abierto los motivos que movían a quienes estaban ante Él, las conciencias de los cuales les declaraban culpables. El conflicto de los siglos se estaba agravando. Cristo no estaba batallando con los hombres finitos, sino contra principados y potestades, contra malicias espirituales en los aires. Dice a sus oidores que todo tipo de pecado y blasfemia puede ser perdonado si se comete en ignorancia. En su gran ceguera podían ellos proferir palabras de insulto y escarnio contra el Hijo del hombre, y sin embargo encontrarse aún dentro de los límites de la misericordia. Pero cuando el poder y el Espíritu de Dios reposaron en sus mensajeros, estaban en terreno santo. Ignorar el Espíritu de Dios, pretender que era el espíritu del diablo, los situó en una posición donde Dios no tenía poder para alcanzar sus almas.

Algunos en Battle Creek van a llegar con seguridad a esa situación, a menos que cambien su curso de acción. Se van a colocar allí donde ninguno de los medios ordenados por Dios sea capaz de devolverlos a la rectitud. Su voluntad no se ajusta a la voluntad de Dios, su persistencia no es la perseverancia de los santos. Hablar contra Cristo, atribuyendo su obra a los agentes de Satanás, y atribuir las manifestaciones del Espíritu al fanatismo, no es en sí mismo un pecado que condene sin remisión, pero el espíritu que lleva a los hombres a hacer tales aserciones los coloca en una posición de resistencia obstinada, donde no pueden ver la luz espiritual. Algunos no volverán ya jamás sobre sus pasos, no humillarán sus corazones reconociendo sus errores, sino que al igual que los Judíos, seguirán haciendo continuamente aseveraciones que confundirán a otros. Se niegan a investigar la evidencia con franqueza y honradez, y como Coré, Dathán y Abiram, toman posición en contra de la luz.

El malvado corazón de incredulidad presentará la falsedad como si fuese verdad, y la verdad como falsedad, y se afirmará en su posición, sea cual sea la evidencia. La terrible acusación contra Cristo, si se persiste en ella, coloca a los culpables en una posición en la que los rayos de luz celestial no pueden alcanzarles. Continuarán andando a la luz de las chispas de su propia iluminación, hasta llegar a blasfemar de las más sagradas influencias que jamás proviniesen del cielo. Entran en un camino que conduce a las tinieblas de la media noche. Creen que están ateniéndose a la razón bien fundada, pero están siguiendo a otro dirigente. Se han colocado bajo el control de un poder del que son, en su ceguera, totalmente ignorantes. Han resistido al único Espíritu que puede dirigirles, iluminarles y salvarles. Están siguiendo el camino de culpabilidad del que no puede haber perdón, ni en esta vida ni en la venidera. No es que haya una cierta cantidad de culpa que agote la misericordia divina, sino que el orgullo y la persistente obstinación les conducen a despreciar al Espíritu de Dios, a ocupar un lugar en el que ninguna manifestación del Espíritu puede convencerles de su error.

En éste, nuestro día, hombres se han colocado donde son totalmente incapaces de cumplir las condiciones del arrepentimiento y confesión; por lo tanto, no pueden hallar misericordia y perdón. El pecado de blasfemia contra el Espíritu Santo no consiste en palabras o acciones súbitas, sino que es la firme y determinada resistencia a la verdad y evidencia.

El Señor ha estado llamando a su pueblo. Ha revelado su divina presencia de la forma más marcada. Pero el mensaje y los mensajeros no han sido recibidos, sino despreciados. Esperaba que aquellos que estaban en gran necesidad del mensaje del amor divino darían oído a Cristo que llama a la puerta del corazón, y permitirían la entrada del Huésped divino. Pero para el corazón de algunos, Cristo ha llamado en vano. Al rechazar el mensaje dado en Minneapolis, los hombres cometieron pecado. Han cometido un pecado mucho mayor reteniendo durante años el mismo odio contra los mensajeros de Dios, al rechazar la verdad que el Espíritu Santo urgió a su pueblo. Al tomar a la ligera el mensaje dado, están tomando a la ligera la Palabra de Dios. Cada llamamiento rechazado, cada ruego desoído, hacen que avance el proceso de endurecimiento del corazón, y los coloca en silla de escarnecedores.

Aquellos que han rechazado la luz, dejan de reconocerla. Una atmósfera contaminada rodea sus almas, y aunque algunos no manifiesten hostilidad declarada, los que tienen discernimiento espiritual apreciarán la frialdad glacial que envuelve a sus almas.

Dios me compele a llamaros la atención a las palabras de Cristo: 'Aún por un poco estará la luz entre vosotros: andad entre tanto que tenéis luz, porque no os sorprendan las tinieblas; porque el que anda en tinieblas, no sabe dónde va. Entre tanto que tenéis la luz, creed en la luz, para que seáis hijos de luz... El que cree en mí, no cree en mí, sino en el que me envió; y el que me ve, ve al que me envió. Yo la luz he venido al mundo, para que todo aquel que crea en mí no permanezca en tinieblas. Y el que oyere mis palabras y no las creyere, yo no le juzgo; porque no he venido a juzgar al mundo, sino a salvar al mundo. El que me desecha y no recibe mis palabras tiene quien le juzgue: la palabra que he hablado, ella le juzgará en el día postrero'. 'Escuchad y oíd: No seáis arrogantes, porque habló el Eterno. Dad gloria al Señor vuestro Dios, antes que haga venir tinieblas, antes que vuestros pies tropiecen en montes oscuros.

Y esperéis luz, y os la vuelva en negrura, en densas tinieblas. Si no oís esto, en secreto lloraré a causa de vuestra soberbia. Amargamente llorarán mis ojos deshechos en lágrimas, porque el rebaño del Eterno irá cautivo'.

Desde el monte de las Olivas Cristo miró a Jerusalem, y con labios temblorosos y alma apesadumbrada dijo, '¡Oh si también tú conocieses, a lo menos en este tu día, lo que toca a tu paz! Mas ahora está encubierto de tus ojos'. Pensó en lo que Jerusalem pudo haber sido, de haber mantenido una conexión viviente con Dios, pensó en la bendición que habría sido para el pueblo, de haber aprovechado los privilegios y bendiciones de que gozó mediante la misericordia y gracia de un Dios benigno y paciente. Jerusalem habría venido a ser un lugar maravilloso, el gozo de toda la tierra. Dios pudo haber hecho de Sión su santa morada. El corazón de Cristo había exclamado, '¿Cómo tengo de dejarte?' Había tratado a Israel como un padre amante y perdonador tratara a su hijo rebelde y desagradecido.

Con el ojo de la omnisciencia vio que la ciudad de Jerusalem había decidido su propio destino. Durante siglos había dado la espalda a Dios. Había resistido la gracia, había abusado de los privilegios, había tomado a la ligera las oportunidades. El mismo pueblo había ido colmando la nube de venganza sin mezcla de misericordia que estaba por estallar sobre ellos. Con entrecortadas y temblorosas palabras, exclamó Cristo, '¡Oh si también tú conocieses, a lo menos en este tu día, lo que toca a tu paz! Mas ahora está encubierto de tus ojos'. Se pronunció la sentencia irrevocable.

En este tiempo se ha resistido en gran medida la luz que proviene del trono de Dios, como si se tratase de algo objetable. Se la ha considerado como tinieblas y se la ha tenido por fanatismo, por algo peligroso. De esa forma los hombres han venido a ser postes indicadores que señalan la dirección errónea. Han seguido el ejemplo del pueblo Judío. Han atado a sus corazones sus máximas y falsas teorías hasta convertirse para ellos en preciosas doctrinas fundamentales. Han llegado a pensar que si las abandonasen quedarían arruinados los fundamentos de su fe.

Si todos aquellos que dicen creer la verdad presente hubiesen abierto sus corazones para recibir el mensaje y el espíritu de la verdad, que es la misericordia, justicia y amor de Dios, no habrían acumulado unas tinieblas tan densas como para no discernir la luz. No habrían llamado fanatismo y error a las obras del Espíritu Santo. —*Manuscrito 30 de 1890. The EGW 1888 Materials, p. 906-916. Artículo leído en el Auditorio del Tabernáculo de Battle Creek ante una gran congregación, en la Asamblea de la Asociación General del 1891.*

Capítulo Seis
Experiencia Subsiguiente A La Asamblea De Minneapolis De 1888

> *Debemos reclamar su justicia por una fe viviente, y depender de Él y morar en Él solamente. Debemos sentir siempre nuestra continua dependencia de Dios. Eso disipará nuestra autosuficiencia, nuestro orgullo y vanidad.*

Cuando llegamos a Battle Creek comprobamos que algunos de nuestros hermanos y hermanas se nos habían adelantado mediante cartas enviadas desde la Asamblea, que tenían un carácter similar al que tuvimos que enfrentar allá, poniendo en evidencia que los que hicieron tales informes no recibieron en aquel encuentro el beneficio que el Señor había previsto para ellos. También hubo cierto número de delegados que regresaron a Battle Creek antes que nosotros, y que se apresuraron a informar del encuentro de Minneapolis, dando su propia versión incorrecta del asunto, que era desfavorable a los hermanos A.T. Jones y E.J. Waggoner, W.C. White y a mí misma, así como a la obra que me había visto compelida a hacer en ese encuentro. Algunos que no me habían visto desde la Asamblea de la Asociación General en Oakland, California, me trataron casi como a una desconocida.

Sé que la misma obra que había leudado el campamento en Minneapolis no había permanecido confinada a ese lugar sino que se había extendido hasta Battle Creek mediante cartas escritas desde Minneapolis, así como por los informes verbales de aquellos que nos precedieron de regreso a Battle Creek. Llevaron al pastor Butler informes que no eran correctos ni fieles. Los que llevaban esos informes estaban engañados por el enemigo, y a su vez estaban engañando al pastor Butler, dando una interpretación errónea a muchas cosas. En su precaria condición de salud, éste aceptó todo como cierto y verdadero, y actuó en consecuencia. No solicitó entrevistarse conmigo ni me vino a llamar, a pesar de haber pasado varias veces casi rozando la puerta tras la que yo me alojaba. No me preguntó si eran ciertas las afirmaciones que se le trajeron, sino que aceptó todo lo que torpemente se le había referido. Aquellos que dejaron esas impresiones en su mente enferma, ¿serán tan celosos en borrarlas como lo fueron en suscitarlas? Respondan eso a Dios, porque tendrán que hacerle frente en el juicio y responder allí.

Me reuní con los hermanos en [la iglesia de] el tabernáculo, y sentí que era allí mi deber relatar una breve historia de la reunión y de mi experiencia en Minneapolis, el curso de acción que seguí y el porqué, y expuse claramente cuál fue el espíritu que prevaleció en esa reunión. Les expliqué la posición que fui compelida a tomar en esa reunión, que no armonizaba con la de mis hermanos, y los esfuerzos que allí hice con hermanos escogidos para convencerles de que no se estaban moviendo en el consejo de Dios, que el Señor no iba a aprobar un espíritu tal como el que prevaleció en ese encuentro.

Les hablé de la difícil posición en la que se me había puesto, teniendo que mantenerme sola, por así decirlo, y me vi compelida a reprobar el mal espíritu que fue un poder controlador en esa reunión. La sospecha y los celos, las suposiciones malévolas, la resistencia al Espíritu de Dios que les estaba suplicando, estaban en la línea del trato que recibieron los Reformadores. Eran como los manifestados por la iglesia que trató a la familia de mis padres y a ocho de nosotros –toda la familia que vivía en Portland, Maine– excluyéndonos de la membresía, debido a que estábamos a favor del mensaje que William Miller proclamaba.

Acababa de escribir el cuarto volumen de El Conflicto de los Siglos. En mi mente estaba fresca la forma en la que fueron tratados esos hombres a los que el Señor suscitaba para que llevasen al mundo un mensaje de luz y verdad, y debido a que no coincidía con sus opiniones, los hombres cerraban sus ojos y oídos al mensaje enviado por Dios. ¿Qué efecto tuvo esa resistencia y oposición sobre aquellos a quienes Dios había dado luz para que brillara en medio de las tinieblas morales que se habían ido acumulando sobre la iglesia como sombra de muerte? ¿Cesaron en sus esfuerzos? No. El Señor había puesto sobre ellos la responsabilidad: "Clama a voz en cuello, no te detengas; alza tu voz como trompeta, y anuncia a mi pueblo su rebelión, y a la casa de Jacob su pecado" (Isa. 58:1).

El Señor estaba obrando, y debo ser fiel en hablar las palabras que Dios me da, aunque estaba pasando por la prueba más dolorosa de toda mi vida, ya que desde esa hora dejé de tener la confianza que hasta entonces había tenido de que Dios estaba dirigiendo y controlando las mentes y corazones de mis hermanos. Había sentido que al llegarme el llamado "La queremos en nuestra reunión, hermana White: se necesita su influencia", no debía consultar mi elección ni mis sentimientos, sino que me tendría en pie por la fe intentando hacer mi parte, y dejando que el Señor hiciese la obra que era esencial hacer. Ahora gravita sobre mí una carga más pesada. A partir de ahora debo mirar solamente a Dios, ya que no me atreveré a basarme en la sabiduría de mis hermanos. Veo que no siempre hacen de Dios su consejero, sino que miran en gran medida a los hombres que han colocado ante ellos en el lugar de Dios.

En la reunión de Battle Creek intenté aclarar mi posición, pero no obtuve ni una sola palabra de respuesta de los hombres que debieron alistarse conmigo. Afirmé que estuve prácticamente sola en Minneapolis. Estuve sola ante ellos en la Asociación, ya que la luz que Dios tuvo a bien darme fue que no estaban andando en el consejo de Dios. Ni uno solo se aventuró a decir: "Estoy con usted, hermana White. Puede contar con mi apoyo".

Después de la reunión [en Battle Creek] algunos me dieron un apretón de manos, diciéndome: "Estoy contento de haber asistido. Ha sido una total satisfacción. Nos llegaron tantos informes desde Minneapolis, y los que llegaron antes que usted nos hablaron sobre la posición que la hermana White tomó, y sobre lo que había dicho en ese encuentro, que pensábamos realmente que la hermana White debía ser una mujer cambiada; pero me siento feliz y agradecido por haber podido estar en esta reunión y oír de sus propios labios la verdad de la cuestión, que la hermana White no ha cambiado, que no ha cambiado el carácter de su testimonio. Reconocemos como hasta aquí el espíritu del Señor hablando a través de la hermana White".

Pero hubo un buen número que se aferró a sus suposiciones maliciosas y se atuvieron a los informes distorsionados que de mí se habían dado, como si tales informes fuesen demasiado preciosos para abandonarlos, a pesar de no disponer ni de un solo vestigio real que evidenciara que yo había cambiado. Les parecía preferible creer los informes falsos. Me siento profundamente apenada debido a que mis hermanos que me han conocido durante años y tienen evidencia del carácter de mi labor continúen en el engaño en el que estaban, y que más bien que confesar que se habían equivocado, se aferraron a esas mismas impresiones falsas como si fuesen verdad.

El sábado siguiente me invitaron a hablar en el tabernáculo, pero más tarde –debido a que era tan extendida la impresión de que yo había cambiado–, creo que el hermano lamentó un poco habérmelo pedido. El sábado por la mañana vinieron a visitarme dos ancianos, y uno de ellos me preguntó de qué iba a hablar. Les dije: 'hermanos, eso dejádselo al Señor y a la hermana White, ya que ni el Señor ni la hermana White tienen necesidad de que los hermanos les dicten el tema que tienen que presentar ante ellos. En Battle Creek estoy en casa, estoy sobre el terreno que hemos labrado con el poder de Dios, y no pedimos permiso para tomar el púlpito en el tabernáculo. Lo tomé como mi legítima posición, según derecho que Dios me acordó. Pero está el hermano Jones, quien no puede sentir como yo, y que esperará una invitación de vuestra parte. Debéis cumplir vuestro deber al respecto, y abrirle el camino".

Los ancianos dijeron que no podían invitarle a hablar hasta no haber consultado con el hermano Smith, para saber si él lo aprobaría, ya que él tenía más edad que ellos. Dije: "Pues hacedlo de una vez, ya que el tiempo es precioso, y hay un mensaje que debe venir a este pueblo, y el Señor requiere de vosotros que despejéis el camino para que la luz llegue al pueblo de Dios".

Me siento libre de hablar al pueblo las palabras de vida. He sido fortalecida y bendecida por Dios. Pero pasaron los días y no llegaba ninguna invitación para que el pastor Jones presentara a la gran iglesia en Battle Creek el mensaje que Dios le había dado. Me dirigí a los ancianos de la iglesia y pregunté de nuevo si era su propósito dar al pastor Jones una oportunidad de hablar al pueblo. La respuesta fue: "He consultado al hermano Smith, y este ha decidido que no es conveniente invitarlo, puesto que ha tomado posiciones enérgicas, y ha llevado el tema de la reforma nacional demasiado lejos".

Sentí entonces revolverse mi espíritu, y llevé un testimonio muy explícito a esos hermanos. Les dije algo en cuanto a cómo se desarrollaron las cosas en Minneapolis, y definí la posición que había tomado, que el fariseísmo había estado a la obra, leudando el campamento aquí en Battle Creek, y que las Iglesias Adventistas del Séptimo Día sufrieron sus efectos; pero el Señor me ha dado un mensaje, y por la pluma y por la voz quisiera obrar hasta que esa levadura sea expulsada, e introducida otra nueva que es la gracia de Cristo.

Me confirmé en todo cuanto dije en Minneapolis: que tenía que producirse una reforma en las iglesias. Se deben efectuar reformas, ya que la debilidad y ceguera espirituales afectaron al pueblo que había sido bendecido con gran luz y preciosas oportunidades y privilegios. Como reformadores, tuvieron que salir de las iglesias denominacionales, pero ahora actúan de forma similar a como lo hicieron las iglesias. Esperamos que no haya necesidad de una nueva salida. Si bien lucharemos por mantener la "unidad del espíritu" en los lazos de la paz, no dejaremos de protestar mediante la pluma y la voz contra el fanatismo.

Vemos un pueblo al que Dios ha bendecido con luz y conocimiento avanzados, ¿se vanagloriará por su inteligencia el pueblo que ha sido así favorecido, y se enorgullecerá por su conocimiento? ¿Considerarán más conveniente confiar en su propia sabiduría antes que consultar a Dios, los hombres que deberían estar estrechamente relacionados con Él? Hay pastores que están hinchados, son autosuficientes, demasiado sabios como para buscar a Dios en oración y humildad con el ferviente afán de escudriñar las Escrituras diariamente en procura de mayor luz. Muchos cerrarán sus oídos al mensaje que Dios les envía, y los abrirán al engaño y la falsedad.

Me resultaba dolorosa la situación allí creada por tales sentimientos. Me esforcé con la pluma y la voz, haciendo todo cuanto estaba a mi alcance para cambiar ese orden de cosas. Los pastores de Michigan organizaron una reunión en Potterville. El hermano Van Horn me urgió a que asistiera. Lo hice con gusto, en la esperanza de que podría eliminarse el prejuicio. El Señor me dio de su Espíritu Santo en esa reunión. Parecía estar a mi mismo lado, y di libremente mi mensaje al pueblo. En esa ocasión, cuando estaban presentes solamente nuestros hermanos, en la reunión de la mañana, hablé llanamente, exponiendo la luz que al Señor había placido darme en forma de advertencias y reproches para su pueblo.

Al apoyarse en el hombre –al colocar tantas responsabilidades en un solo hombre, como si Dios no hubiese dado inteligencia, razonamiento y fortaleza espiritual a otros hombres para que llevaran responsabilidades– no hay solamente peligro de que se hagan débiles e ineficientes, sino que infligen un serio daño a aquel que tratan de ese modo. Los seres humanos no son capaces de soportar toda esa dependencia puesta sobre ellos. Es grande el peligro de poner la influencia humana en el lugar que debiera ocupar el Señor.

Rindiendo homenaje a los seres humanos, nuestros hermanos se separan de Dios. Pueden estimarse a ellos mismos, y estimar a otros con esa confianza que sólo al Señor de Israel debiera darse. El remedio para esas cosas es creer sinceramente la verdad de la Biblia, ateniéndose a las claras afirmaciones de las Escrituras. Los que ocupan posiciones de confianza, los que tienen influencia sobre otras mentes, están en gran necesidad de prestar atención a fin de que en sus puestos de confianza, no resulten ser agentes a través de los cuales el enemigo pueda obrar en detrimento de las almas. Si el hermano débil perece, la sangre de esa alma será requerida de vuestra mano.

¿Ha asignado Dios en su viña lugares a los hombres? Entonces úsense sus talentos y permítaseles aumentar en eficiencia, mediante la consagración del alma, cuerpo y espíritu a Dios. La mente debe ser puesta bajo control, sus poderes deben ser disciplinados y reforzados de igual manera que la capacidad física es regulada mediante el ejercicio apropiado. Advertí a nuestros pastores que ejercitasen todo músculo espiritual, haciendo progresar su talento e invirtiendo sus mejores habilidades en el servicio de Dios, ya que se me ha mostrado que sus reuniones especiales eran de escaso provecho debido a que carecían de esa conexión vital con Dios que habría permitido que los impresionara con su Espíritu Santo. Al no estar bajo el control del Espíritu de Dios, otro espíritu controlaba sus pensamientos, palabras y acciones, y en lugar de crecer en la gracia y el conocimiento de Jesucristo, vinieron a ser enanos en las cosas espirituales.

La obra de Dios se llevó a cabo de una forma liviana y caprichosa. Rodeaba sus almas una atmósfera que no era celestial, sino terrena, ordinaria y vulgar. En esa atmósfera no podía fortalecerse la espiritualidad, sino que se debilitaría. Hubo risas, guasa y chistes. Era evidente la falta de solemnidad, la falta de apreciación de lo sagrado de la obra. Hubo mucho de habladurías, pero poco de la mente de Cristo. Y por tanto tiempo como llevaron esa atmósfera con ellos, fueron mal empleados los dones y habilidades que Dios les había dado, y el enemigo los utilizó frecuentemente en su servicio. En su ceguera eran incapaces de discernir las cosas espirituales, y bajo la influencia del gran engañador tomarían la posición de oponerse a las cosas más sagradas de Dios.

Nunca se debe desafiar a seres humanos, ya que eso desagrada a Dios en gran manera. No deben existir camarillas que se unan en compañerismo impío para apoyarse mutuamente en caminos e ideas opuestos al Espíritu de Dios. Todas esas preferencias, esa ardiente adhesión por las personas, no cumplen la voluntad de Dios. Causa daño a todas las partes, ya que uno se supone obligado a apoyar a aquel a quien le unen lazos de amistad.

Pero considerad, mis hermanos, ¿es una unión santificada? Yo sé que no lo es. El poder ejercido sobre las mentes os lleva a mirar y a confiar en los demás más bien que a confiar en el Dios viviente. Os lleva a consultar a los otros, cuando debierais estar sobre vuestras rodillas suplicando a Dios, el poderoso Consejero. Os lleva a apoyar a los demás para encontrar cosas que podáis cuestionar e interpretar de forma que vuestra incredulidad resulte fortalecida. Aquello que alguien no habría pensado por sí mismo, lo provee otro con sus insinuaciones.

Afirmé que el curso seguido en Minneapolis fue de crueldad hacia el Espíritu de Dios; y aquellos que asistieron al encuentro y regresaron con el mismo espíritu con el que habían ido, y continuaron con una obra del mismo carácter que la de aquel encuentro y que la habida a partir de entonces, caerían en engaños mayores, a menos que cambiasen su espíritu y confesaran sus errores. Tropezarían, y no sabrían en lo que estaban tropezando. Les rogué que se detuvieran allí mismo donde estaban. Pero la posición del pastor Butler y del pastor Smith les influenciaron a no realizar ningún cambio, sino a permanecer en donde estaban. No hubo ninguna confesión.

Finalizó la bendita reunión. Muchos fueron fortalecidos, pero la duda y las tinieblas envolvieron a algunos más que antes. El rocío y las lluvias de gracia del cielo que subyugaron muchos corazones, no enternecieron sus almas.

Yo seguí mi camino, volviendo a Battle Creek agotada y bendecida por el Señor. He repetido las entrevistas con mis hermanos, explicando mi posición y la obra para este tiempo.

Sentí que era mi deber ir a Des Moines, Iowa. Esperaba encontrarme con la mayoría de los pastores en ese Estado. Bajé del carro a punto de desfallecer, pero el Señor me fortaleció para llevar mi testimonio a los allí reunidos. Deseé poder dirigirme a toda la asamblea, ya que mi corazón estaba lleno del Espíritu de Dios, precisamente como en Minneapolis. El Espíritu del Señor vino a nuestras reuniones matinales, y se dieron numerosos testimonios humildes entre lágrimas. Diré, para gloria de Dios, que Él me sostuvo y que fueron tocados los corazones. Esperé ver cómo algunos de los que habían tomado parte activa en Minneapolis doblegaban sus orgullosas voluntades y buscaban al Señor de todo corazón. Creí que tal cosa sucedería, pero si bien el Señor obraba manifiestamente en los corazones, no se hizo ninguna confesión cabal. No cayeron sobre la Roca ni fueron quebrantados, de forma que el Señor pudiese colocar su molde sobre ellos. ¡Oh, si solamente hubiesen depuesto su orgullo; la luz y el amor de Dios habrían venido a sus corazones!

Está el hermano Leroy Nicola, a quien Dios ha bendecido con habilidad. Si su voluntad estuviese sujeta a la voluntad de Dios, cumpliría una obra que lo haría un instrumento de justicia; pero por tanto tiempo como acaricie las dudas, por tanto tiempo como se sienta libra para criticar, dejará de crecer espiritualmente. Será envuelto por las sombras oscuras, la incertidumbre y el desánimo tomarán posesión de la razón, y el que se siente demasiado orgulloso como para doblegar su voluntad resultará ser débil como un niño en valor moral, y a menudo casi desamparado. ¿Por qué no será sanado? No tiene la conciencia consoladora de tener el Espíritu y el favor de Dios. Está educando su mente en la duda y la crítica.

Cuánto anhelaba mi alma ver a esos pastores andando en las huellas de Jesús, siguiendo el camino que Él marcó, por abrupto y espinoso que este sea, pero con la seguridad de que Jesús lo ha recorrido antes que ellos y les ordenó seguir en sus pasos. Cuando la voluntad consiente en hacer tal cosa, cuando se crucifica el yo, entonces podrán afrontar todo deber con buen ánimo. ¡Qué gozo acompaña a todo lo que se comienza, se continúa y se finaliza en el nombre del Señor Dios de los ejércitos! Entonces podrán correr sin agotarse, andar sin desfallecer. Perplejos ante los caminos y las obras de Dios, pesando sobre ellos una nube de incertidumbre, y a menudo penosamente chasqueados y casi a punto de claudicar, no tienen sino una escasa conciencia de la presencia de Dios, y son vacilantes y faltos de determinación.

Oh, qué bendito privilegio el sabernos totalmente sometidos a la voluntad de Dios, saber que estamos andando en todo momento en la luz de su faz, prestando oído a las palabras que Él nos dirija, y sin aventurarnos a dar un paso que no sea en su consejo y dirección. Que el Señor pueda influir en las mentes de esos hermanos por su Espíritu Santo, y que las densas tinieblas que han nublado sus mentes y atrapado sus almas puedan disiparse, y que el Sol de justicia salga en sus corazones, trayendo salud en sus rayos.

Me fui de Des Moines esperando y orando para que esos hombres en posiciones de responsabilidad fuesen totalmente transformados por la gracia de Cristo, a fin de que sus labores no fuesen en vano en el Señor. Me chasqueó que no se hiciera ninguna mención del encuentro de Minneapolis, que no hubiera ninguna palabra de retractamiento por el curso de acción que allí se siguió. En la reunión de Des Moines fui invitada, mediante una votación, a asistir a su Asamblea. Les dije que si estaba en el camino de mi deber, si yo estaba de ese lado de las Montañas Rocosas, complacería gustosa su petición. Pero después de muchos meses, no recibí ninguna noticia de ellos, ni una palabra expresando su deseo de que fuese.

Les escribí en el encuentro de Kansas, diciéndoles que me había chasqueado su falta de noticias, tras la positiva reunión que habíamos tenido en Iowa. El trabajo me había agotado. Mi corazón había sufrido tan agudamente desde que abandoné

California, al pasar por la prueba de ver a mis hermanos en la condición espiritual en la que estaban, que cada noche tenía el sentimiento de que a la mañana siguiente no estaría viva; sin embargo, no podía abandonar mis labores de reprender, de permanecer firmemente por lo que sabía que era correcto.

Pregunté a mis hermanos en Iowa si consideraban que era su deber contrarrestar mis labores en caso de que asistiese a su encuentro llevando el mensaje que Dios me diese, y éste no coincidiese con sus ideas. Si pensaban de esa forma, no podía hacerles ningún bien. Hubo cartas que me urgieron a ir a Williamsport [Pennsilvania, 1889]. Les había prometido que asistiría a su encuentro campestre, pero ignoraba que esas reuniones estaban previstas para la misma fecha. Debí elegir a cuál de los dos encuentros iría.

Puesto que no me llegó ni una sola palabra de Iowa, no me quedaba otro remedio que asumir que se había producido un cambio en sus sentimientos, y decidí que no podía ser mi deber el colocarme en la atmósfera de resistencia, duda y oposición mientras que había ruegos urgentes para que asistiese a encuentros de aquellos que recibirían el testimonio que Dios me dio y lo aprovecharían, al no haberse colocado en una atmósfera de incredulidad y orgullosa resistencia a la luz que Dios había permitido que brillase sobre ellos. No puedo creer que sea la voluntad de mi Padre celestial el que agote mis fuerzas y sostenga las cargas cuando aquellos por quienes trabajo no sienten la responsabilidad de levantarlas conmigo, sino que se sienten libres para criticar si creen que pueden hacerlo. Debemos procurar usar siempre nuestra habilidad allí donde pueda hacer el mayor bien, allí donde las almas sientan su necesidad y estén deseosas de ayuda.

Oh, cuán interesado está el universo celestial, ocupado en ver cuántos siervos fieles están llevando los pecados del pueblo en sus corazones y afligiendo sus almas; ver cuántos son colaboradores de Jesucristo para ser reparadores de la brecha abierta por el maligno, y restauradores de las calzadas que otros han tenido a bien arruinar. Se debe restaurar el camino de la fe y la justicia. Nuestra salvación no se construye sobre obras de justicia que nosotros hayamos hecho, sino sobre la gracia y el amor de Dios. Podemos juntar todas las obras de nuestra propia justicia, y resultarán no ser más que arenas movedizas. No podemos basarnos en ellas.

Es el propósito de Dios el que podamos ser educados mediante la experiencia providencial, y que tengamos el hábito de aprender, edificando firmemente sobre Jesucristo, el único fundamento seguro que resistirá en pie por siempre. Solamente la sangre de Jesucristo puede hacer expiación por nuestras transgresiones. Debemos reclamar su justicia por una fe viviente, y depender de Él y morar en Él solamente. Debemos sentir siempre nuestra continua dependencia de Dios. Eso disipará nuestra autosuficiencia, nuestro orgullo y vanidad.

[Nota marginal de E.G.W: "Carta al pastor Butler para después de la semana de oración (15-22 de diciembre)". Ver Carta 18, 1888, escrita el 11 de diciembre a G.I. Butler]

Este extracto de una carta escrita al hermano Butler expresaba el ferviente deseo de mi alma en favor de él, pero la respuesta que recibí de esa carta apenó mi corazón, ya que supe que no había comprendido la obra que Dios me ha dado para hacer, como tampoco el espíritu que motivó la respuesta a esa carta.

El hermano Ballenguer se había encontrado en gran angustia mental. Estaba casi desesperado, y solicitó entrevistarse conmigo, pero yo estaba ocupada en otras labores y no pude atenderle en aquella ocasión. Intentó concertar una entrevista con sus hermanos, pero no le fue posible, y entonces decidió que no había auxilio para él fuera de Dios. Comenzó a ver que sin Él su situación era la desnudez espiritual y se hallaba en la oscura media noche de la desesperación. Acudió al querido Salvador, tal como Él le invitaba a hacer: "Venid a mí todos los que estáis trabajados y cargados, que yo os haré descansar". Vio al Señor con ferviente determinación, y comprobó que Jesús estaba a su lado. Le fueron presentadas la muerte expiatoria y la propiciación suficiente. Se aferró a Cristo mediante una fe viviente, y la nube se disipó, siendo vestido de la justicia de Cristo.

Acudió a la reunión lleno de paz y esperanza, ya que el Señor había puesto una canción nueva en su corazón, una alabanza a nuestro Dios. Confesó entonces la gran falta de espiritualidad que había caracterizado su trabajo, y cómo había recibido una comprensión de Jesús y de su amor, que serían desde entonces el tema de su obra.

Tras la primera semana, todas nuestras reuniones estuvieron caracterizadas por experiencias como la citada. Un hermano dio testimonio de haber sido un guardador del sábado por muchos años, pero había sentido una gran falta de fe en Jesucristo. La frialdad y la falta del amor de Dios y de fervor espiritual le habían desanimado. Había acudido a otras denominaciones en busca de aquello por lo que su alma estaba hambrienta, pero halló mayor escasez en ellas que entre los Adventistas del Séptimo Día. Afirmó que en esa reunión había oído exactamente la verdad que su alma anhelaba. 'Esa –dijo– es la verdad. Verdad presente. La acepto. Y de la misma forma en que me aparté de la Iglesia Adventista del Séptimo Día, quiero ahora unirme de corazón y alma con vosotros'.

Durante la semana de oración en Battle Creek [del 15 al 22 de diciembre] trabajamos con fervor, predicando en el Sanatorio temprano por la mañana, y en la capilla de la administración a los obreros de la oficina, así como en el Tabernáculo. Tuve razones para alabar a Dios por haberme dado fuerzas para esa obra. A veces reposaba sobre mí el poder de Dios en gran medida. En ocasiones, mientras estaba hablando, parecía que las realidades invisibles del mundo eterno se desplegaban ante mi vista, y sé que el Señor estaba hablando a su pueblo a través de mí. No me atribuyo mérito alguno. Todo vino de Dios, absolutamente todo, y el Espíritu de Dios reposó sobre la congregación. Me alegré de ello por causa del pueblo, ya que sabía que los que habían estado dudando, tenían evidencia para su fe, si sus corazones estaban abiertos a recibir la impresión del Espíritu de Dios.

Deseaba que aquellos que habían considerado una virtud el cerrarse a la luz y la evidencia, reconocieran las influencias del Espíritu de Dios, arrojasen su incredulidad, y viniesen a la luz. Sabía que a menos que hiciesen tal cosa su camino se volvería más tenebroso, ya que la luz que no se confiesa, reconoce y aprovecha, se vuelve tinieblas para quienes rehusan recibirla y andar en ella. Hasta la tardía hora actual hay almas aún en tinieblas, que no saben dónde tropiezan. Y ahora será mucho más dificultoso para ellos el dar marcha atrás y reunir los rayos de luz que han desdeñado con escarnio, y reconocer la luz que Dios les dio en su gracia, a fin de sanarles de sus enfermedades espirituales.

El primer paso dado en la senda de la incredulidad y el rechazo de la luz es algo peligroso, y la única forma en la que pueden recuperarse de las trampas de Satanás los que han dado tal paso, es aceptar aquello que el Señor les envió, y que rehusaron recibir. Eso será humillante para el alma, pero será para su salvación. Dios no puede ser burlado. No va a quitar toda ocasión para dudar, sin embargo, dará suficiente evidencia sobre la que basar la fe.

Si mis hermanos hubiesen sentido sus propias debilidades, su propia incapacidad, y no las hubiesen perdido nunca de vista, habrían humillado sus corazones ante Dios, confesado sus errores, y venido a la luz y libertad. ¿Estamos prontos a jactarnos con orgullo de ser ricos y estar enriquecidos, y no tener necesidad de nada? Eso se ha hecho, y se sigue haciendo aún. Se oye la voz del Testigo verdadero: "Yo conozco tus obras, que ni eres frío, ni caliente. ¡Ojalá fueses frío, o caliente! Mas porque eres tibio, y no frío ni caliente, te vomitaré de mi boca. Porque tú dices: Yo soy rico, y estoy enriquecido, y no tengo necesidad de ninguna cosa; y no conoces que tú eres un cuitado y miserable y pobre y ciego y desnudo" (Apoc. 3:15-17). Toda esa jactancia es vana. Cristo ve el interior mismo del alma, y nos dice precisamente aquello que somos, y lo que debemos ser a fin de ser salvos.

El mensaje que se dio al pueblo en esas reuniones presentaba con contornos claros, no sólo los mandamientos de Dios –una parte del mensaje del tercer ángel–, sino también la fe de Jesús, que abarca más de lo que generalmente se supone. Y será bueno que se proclame el mensaje del tercer ángel en todas sus partes, ya que el pueblo necesita cada jota y cada tilde de él. Si proclamamos los mandamientos de Dios y dejamos la otra mitad apenas tocada, el mensaje se corrompe en nuestras manos.

Se presentaron ante el pueblo verdad y luz preciosas, pero los corazones obstinados no recibieron bendición. No podían gozarse en la luz que, de haber sido aceptada, habría llevado a sus almas libertad, paz, fortaleza, ánimo y gozo.

Las bendiciones de esa semana de oración se extendieron a través de la iglesia. Se hicieron confesiones. Los que habían robado a Dios en los diezmos y ofrendas confesaron su mal e hicieron restitución, y muchos que nunca antes habían sentido que Dios perdonaba sus pecados, fueron bendecidos por Él. Todos esos frutos preciosos evidenciaron la obra de Dios, y no obstante, los que habían puesto sus pies en el camino de la duda y la incredulidad no se retractaron confesando sus errores y viniendo a la luz. Dios estaba a la obra, pero aquellos que habían estado siguiendo los caminos de su propio designio, contrarios a la palabra de Dios, contrarios a su voluntad, lejos de someter sus voluntades y gustos, y de permitir que sus corazones se deshicieran en agradecimiento, se sintieron más confirmados y determinados a resistir. ¿Qué nombre le daremos a ese elemento? Es rebelión, como en los días de Israel, cuando querían seguir obstinadamente su propio camino, en lugar de someterse al camino y la voluntad de Dios.

Tenemos el ejemplo de los hijos de Israel a modo de advertencia. El Señor obró en nuestro medio, pero algunos no recibieron la bendición. Tuvieron el privilegio de escuchar la más fiel predicación del evangelio, y oyeron con sus corazones bloqueados, el mensaje que Dios había dado a sus siervos para que estos predicasen. No se volvieron al Señor de todo su corazón y alma, sino que emplearon todas sus capacidades para buscar defectos en los mensajeros y en el mensaje, y entristecieron al Espíritu de Dios, mientras que aquellos que recibían el mensaje se deleitaban en la presentación de los dones gratuitos de Jesucristo.

El Señor no impone a nadie sus bendiciones por la fuerza. Habrá quienes permanezcan en resistencia hacia la luz y que lo mismo que los Judíos, dirán: 'Haz un milagro, y creeremos. Si ese es el mensaje de Dios, ¿por qué no curan a los enfermos, y entonces creeremos?'. Otros pueden comprender realmente que han tenido lugar milagros mucho mayores que curar enfermedades del cuerpo. ¿No ha tomado acaso el divino poder de Dios corazones endurecidos como el acero, y los ha subyugado y enternecido, de manera que viniesen a ser como niños? Ante la luz verdadera, su religión legal se reveló como lo que es: algo inservible.

Los sentimientos religiosos de muchos eran más de carácter natural que espiritual, y aunque intentaban hallar satisfacción, encontraron inquietud, frialdad, tinieblas y falta de Cristo. Permanecieron en la ignorancia en lo referente a su situación ante Dios, en la ignorancia respecto del conocimiento adquirido por experiencia acerca de la obra de nuestro Mediador e Intercesor. Cuando por fe se aferraron a Cristo, sus corazones resultaron contritos y quebrantados. Cristo se formó en ellos, la esperanza de gloria. Eso lo fue todo para ellos. Fue la inteligencia de lo que constituía el misterio de la bondad. Tiene lugar el milagro. El Señor y su Espíritu irrumpieron en el alma.

La vida y el gozo tomaron posesión del corazón. Cuán sensible es el alma a la falta de ellos. Todas las cosas están descubiertas ante Aquel a quien tenemos que dar cuenta.

Pero todos los que cierran sus ojos a la evidencia que a Dios ha placido dar –tal como hicieron los judíos–, y piden milagros, serán pasados de largo. Las evidencias que rehusaron recibir, las recibirán otros, y otros recibirán las bendiciones que Dios puso a su alcance, pero que ellos rechazaron porque eran orgullosos, autosuficientes y justos en su opinión.

Damos gracias a Dios por cada partícula de su amor y su gracia. Alabaremos a Dios y cobraremos ánimo. No nos pararemos a criticar. No daremos la espalda a los dones celestiales ni nos sentaremos en juicio para condenar los caminos del Señor, ni la forma de obrar de Dios, por el hecho de que otros así lo quieran hacer. No tienen razón para decir las cosas que dicen, ni razón para resistir al Espíritu de Dios.

Jesús reconvino a sus discípulos por su incredulidad. La incredulidad es la ocasión para todo pecado, y es el vínculo de la iniquidad. Su obra es convertir en escarpado lo que era recto. La fe es la sustancia de las cosas que se esperan, la demostración de las cosas que no se ven. Cuando nos volvemos como niños, sentándonos a los pies de Jesús, aprendiendo de Él la negación del yo, y lo que es vivir por la fe en toda palabra de Dios, entonces el alma encuentra paz y descanso.

Se pronuncia un ¡Ay! sobre toda esa incredulidad y espíritu de crítica como el revelado en Minneapolis y como el revelado en Battle Creek. Por sus frutos los conoceréis. La evidencia de que Dios estaba a la obra a cada paso, no ha cambiado la manifiesta actitud de aquellos que en el mismo principio siguieron un curso de incredulidad que resultaba ofensivo a Dios. Por medio de esa barrera que ellos mismos habían erigido –como los Judíos–, iban a la búsqueda de algo con lo que reforzar su incredulidad y hacer ver que estaban en lo recto. De esa manera, no podían beber de la gran salvación que el Señor les ofrecía. Rehusaron las riquezas de la gracia divina. La benignidad de Dios, su bondad, así como su amor y maravillosa paciencia, no han quebrantado sus corazones porque no han mirado hacia allí, ni apreciado esos favores. Dejo expuestas abiertamente esas cosas ante todos, puesto que conozco su peligro. He trabajado fervientemente con un fin: el bien de las almas y la gloria de Dios.

Cuando vemos a los hombres por convencer y por convertir, a pesar de las claras evidencias que Dios ha dado, estamos seguros de que no verán mayor evidencia. Pensé en otra cosa que podía hacer: dar un testimonio y presentar principios generales ante los que plantean dudas y cuestiones, en la esperanza de que eso pudiese hacer que algunos viesen las cosas en la debida luz. Sé que ha tenido influencia sobre muchas mentes, pero parece no ser de ninguna ayuda para otros. Están prestos a poner trabas, en lugar de disponerse a empujar el carro por la cuesta.

No he dejado nada por hacer, de lo que tuviese evidencia que era mi deber efectuar. Y en lo concerniente a Battle Creek, no puedo hacer más de lo que he hecho. Los que no se han unido a mí y a los mensajeros de Dios en esta obra, sino que su influencia ha servido para crear duda e incredulidad, yo no los juzgo. Cada partícula de influencia que se ha ejercido en favor del enemigo será remunerada de acuerdo con sus consecuencias. Dios estaba obrando conmigo al presentar al pueblo un mensaje sobre la fe de Jesús y la justicia de Cristo. Los hay que no han trabajado en armonía, sino en el camino de contrarrestar la obra que Dios me ha encomendado. Debo dejarlos con el Señor.

Asistimos a encuentros en South Lancaster [11-22 de enero de 1889], y hubo buenos frutos. Tuvimos el mismo espíritu y poder que asistió a los mensajes del primer y segundo ángeles. Ya os informé sobre esos encuentros. El Señor obró sobre todos los corazones, y muchos pudieron decir: 'El Señor ha puesto una nueva canción en mis labios, el incomparable amor de Jesús'. Se expusieron sus excelencias ante los ojos de la mente, y las almas comenzaron a ver los encantos en Jesús. Pudieron hablar de su amor y contar de su poder. El Sol de justicia nacía en los corazones de casi todos los presentes. Muchos se arrepintieron celosamente de su tibieza, y aceptaron la invitación del [divino] Mercader: "Te amonesto que de mí compres oro afinado en fuego" y "vestiduras bancas" y "colirio". Su testimonio fue: 'He encontrado la Perla de gran precio'.

Fueron impresionados los corazones, se confesaron males ante incrédulos y creyentes, y se hizo restitución por ellos.

Preguntamos, como preguntó Cristo a los Judíos: La predicación de ese mensaje, ¿es del cielo, o es de abajo? Jesús se gozó en el espíritu al ver convictos y convertidos a la verdad a hombres que no habían tenido las continuas oportunidades y privilegios que habían tenido los Judíos. Dijo: "Te alabo, Padre, Señor del cielo y de la tierra, que hayas escondido estas cosas de los sabios y de los entendidos, y las hayas revelado a los niños" (Mat. 11:25). El Señor se gozó en que el plan de la salvación fuese tan sencillo que un niño en su simplicidad pudiese entenderlo, mientras que aquellos que no eran espirituales, humildes y dispuestos a aprender, aquellos que estaban hinchados en su propio engreimiento, no pudieron ver la belleza del evangelio, ya que se la discierne espiritualmente. Pero todos los que son sinceros, dispuestos a aprender, los que son como niños, los que desean conocer la verdad, verán y reconocerán la revelación del poder de Dios.

Sus siervos han dado fervientes discursos en el poder y Espíritu de Dios, sobre la esperanza que nos es propuesta en el evangelio. Se han presentado el amor de Jesús y la justicia de Cristo. Al ser tan claramente expuestos, la mente los acepta por fe. Para muchos que habían sido cristianos desde hacía tiempo, han venido como una nueva revelación. "De tal manera amó Dios al mundo, que ha dado a su Hijo unigénito, para que todo aquel que en él cree, no se pierda, más tenga vida eterna". ¡Eso sí que es alimento a tiempo, donde lo haya!

Los Judíos miraban a un Salvador velado, que nunca habían contemplado sin velo, y muchos incluso de los que se tienen por el pueblo de Dios guardador de sus mandamientos están mirando a un Salvador velado. Han pensado tan poco en el gran plan de la redención, en el sacrificio expiatorio, y en la verdad de que solamente mediante el derramamiento de la sangre del Salvador pudieron los ángeles proclamar paz en la tierra y buena voluntad a los hombres. Hablad de eso. Orad por ello. Sin derramamiento de sangre no hay remisión de pecados. ¿Por qué entonces, no mantenerse en la necesidad de la fe en la sangre de Jesucristo?

Se cuenta que Wilberforce llevó consigo en cierta ocasión al gran estadista Pitt, a oír la predicación del célebre Mr. Scott. El tema del predicador era la forma en la que un pecador puede ser salvo, y lo presentó con gran claridad, celo y fervor. Cuando finalizó el sermón, alguien preguntó a Scott qué le había parecido, a lo que respondió: 'No veo qué pretendía el predicador'. Las cosas espirituales deben discernirse espiritualmente. Las cosas del Espíritu, la predicación de la cruz, es "locura para los que se pierden; mas a los que se salvan, es a saber, a nosotros, es potencia de Dios".

Visitamos Washington D.C. [del 24 al 31 de enero de 1889], trabajamos allí, y vimos los mismos frutos asistiendo al mensaje. Sentimos agradecimiento a Dios por las evidencias de su rica gracia. Visitamos Illinois, y vimos allí la obra de Dios. Su Espíritu fue derramado en rica medida. Incluyo aquí una carta que escribí mientras estaba en aquel encuentro. (Insertar carta a W.C. White).

No continuaré con este relato, pero diré de una forma muy imperfecta [que] la ley dirige a Cristo y Cristo dirige a la ley. Debido a que el hombre ha quebrantado la ley, el tiempo en el que vivimos es un tiempo en el que la ley de Dios ha sido casi universalmente anulada. Cuán pocos se dan cuenta de su responsabilidad personal ante Dios. El poder de la libre decisión, de la acción independiente, nos puede producir terror. Dios habla. ¿Qué dice? Dice: "Amarás al Señor tu Dios de todo tu corazón, y de toda tu alma, y de todas tus fuerzas, y de todo tu entendimiento; y a tu prójimo como a ti mismo... haz esto, y vivirás" (Luc. 10:27,28).

Es imposible que comprendamos la extraordinariamente abarcante naturaleza de la ley de Dios, a menos que veamos a Cristo en la cruz del Calvario, el sacrificio expiatorio. Por la ley es el conocimiento del pecado. La ley moral de Dios es el detector del pecado, y ¿cómo podemos tener un conocimiento inteligente de lo que constituye el pecado, a menos que conozcamos la norma moral de justicia de Dios? El que posee la plenitud de las concepciones del sacrificio infinito de Cristo por los pecados del mundo, y por la fe se aferra y se apropia de la justicia de Cristo como siendo su justicia, pude ver la santidad, la belleza, y gloria de la ley de Dios, y exclamar con David:

"¡Cuánto amo yo tu ley! Todo el día es ella mi meditación" (Sal. 119:97).

La ley de Dios alcanza tanto a las acciones internas de los hombres como a las externas. Discierne los pensamientos, los intentos y los propósitos del alma. Un hombre puede ser culpable de pecados que solamente Dios conoce. La ley de Dios es realmente un escrutinador de los corazones. Hay oscuras pasiones de celos, venganza, odio y malignidad, codicia y ambición desmedida que están ocultas a la observación del hombre, y el gran "Yo soy" las conoce todas ellas. Se han acariciado pecados que sin embargo no se han llevado a cabo por falta de oportunidad. La ley de Dios los registra todos ellos. Esos pecados ocultos, secretos, forman el carácter.

La ley de Dios condena no solamente lo que hemos hecho, sino lo que dejamos de hacer. En el día del ajuste final de cuentas nos encontraremos el registro de los pecados de omisión, tanto como los de comisión. Dios traerá toda obra a juicio, incluyendo toda cosa oculta. No basta que por vuestra personal valoración del carácter demostréis que no habéis hecho un mal manifiesto. El hecho de que uno no haya hecho el bien manifiesto bastará para condenarlo como siervo malo e inicuo.

Por las obras de la ley ninguna carne será justificada. En la ley no hay poder para salvar al transgresor de la ley. Si el hombre, después de su transgresión, hubiese podido ser salvo por su esfuerzo supremo para guardar la ley, entonces Jesús no hubiese necesitado morir. El hombre hubiese podido tenerse en sus propios méritos y decir: 'Soy impecable'. Dios nunca rebajará la ley a la altura de la norma humana, y el hombre no puede jamás elevarse a sí mismo para responder a las demandas de perfección de la ley. Pero Cristo viene a este mundo y paga la deuda del pecador, sufre la penalidad por la transgresión de la ley, y satisface la justicia, y ahora el pecador puede demandar la justicia de Cristo. "Donde se agrandó el pecado, tanto más sobreabundó la gracia" (Rom. 5:20).

Pero la gracia no viene para excusar al pecador en la continuación del pecado. La gracia de Dios no deshace la ley, sino que la establece como inmutable en su carácter. Aquí "la misericordia y la verdad se encontraron: la justicia y la paz se besaron" (Sal. 85:10). Dios mira a su Hijo muriendo en la cruz y queda satisfecho, y Jesús es llamado "Jehová, justicia nuestra". Por lo tanto, que el pecador se apropie por la fe de los méritos de la sangre de un Redentor crucificado en su propio favor, [y diga]: "Jehová, justicia mía".

El Señor no se complace en tener hombres que confían en su propia habilidad o buenas obras, o en una religión legal; sino en Dios, el Dios viviente. El mensaje actual que Dios ha encargado a sus siervos que den al pueblo no es algo nuevo o novedoso. Es una antigua verdad que se había perdido de vista, a medida que Satanás hizo sus esfuerzos maestros a ese fin. El Señor tiene una obra para cada uno de su pueblo leal, para situar la fe de Jesús en el lugar que le corresponde por derecho: en el mensaje del tercer ángel. La ley tiene su posición importante, pero es impotente, a menos que la justicia de Cristo sea puesta al lado de la ley para dar su gloria a la plena norma real de justicia. "De manera que la ley a la verdad es santa, y el mandamiento santo, y justo, y bueno" (Rom. 7:12).

Una cabal y completa confianza en Jesús proporcionará a la experiencia religiosa la debida cualidad. Sin eso, la experiencia no significa nada. El servicio es como la ofrenda de Caín: vacío de Cristo. Dios es glorificado por una fe viviente en un Salvador personal, un Salvador totalmente suficiente. La fe ve a Cristo como lo que es: la única esperanza del pecador. La fe se aferra a Cristo, confía en Él. Dice: 'Cristo me ama; murió por mí. Acepto el sacrificio, y Cristo no habrá muerto en vano por lo que a mí respecta'.

No solamente han perdido mucho nuestras propias almas sino que como pastores hemos descuidado la parte más solemne de nuestra obra al no mantenernos en la sangre de Jesucristo como la única esperanza de vida eterna para el pecador. Contad la historia de Cristo renunciando a la gloria del cielo y viniendo a nuestro mundo, practicando la negación del yo y el sacrificio propio, apelando a todos a que viniesen a Él y aprendiesen de Él, quien es manso y humilde de corazón, y prometiendo que hallarían descanso para sus almas, si querían llevar su yugo y sostener su carga. ¡Oh, cuántos desecharían sus falsos asideros, su satisfacción y estima propios! Dios no aceptará nada de vosotros que no sea a Jesús morando en vosotros; solamente Cristo; Cristo el todo y en todos.

La conversión de las almas se ha vuelto misteriosa y complicada. Oh, decid a los pecadores: 'Mirad y vivid'. Estudiad a Cristo y llevadlo a la práctica. "Tu benignidad me ha acrecentado", dijo David (Sal. 18:35). Abrid simplemente la puerta y permitid que Jesús entre: Él morará en el templo del alma, y podemos morar en Cristo y regocijarnos en su amor.

La religión de la Biblia no consiste en sistemas teológicos, credos, teorías y tradición, ya que en ese caso no sería ningún misterio. El mundo la comprendería mediante sus propias habilidades naturales. La religión –por el contrario–, la religión de la Biblia, posee energía salvadora práctica, elementos que proceden enteramente de Dios: una experiencia personal del poder de Dios transformando en su totalidad al hombre.

Muchos ignoran el engaño que camufla la falsedad como si fuese verdad. Sostienen ideas de que el hombre puede ser salvo por su propio mérito. Entre nosotros se ha introducido una falsa religión, una religión legal. No quedaremos en silencio. Se debe despertar la iglesia. Si procuramos auditorios en las ciudades y distribuimos folletos, la gente será iluminada. Dios ha enviado un mensaje de advertencia. Debemos batallar presto con los poderes de la tierra, y tenemos toda razón para temer que la falsedad gane la supremacía. Haremos un llamamiento a nuestras iglesias en el nombre del Señor para ver esa lucha en su verdadera luz. Se trata de un conflicto entre el cristianismo del Antiguo y Nuevo Testamentos, y el cristianismo de la tradición humana y las fábulas corruptas.

En esa contienda se ha de decidir si el puro evangelio hallará cabida en nuestra nación, o si el papado de años pasados recibirá la amistosa mano derecha de los protestantes, y ese poder prevalecerá para restringir la libertad religiosa. La batalla se cierne ante nosotros. Llevamos años de retraso, y no obstante hombres en posiciones de responsabilidad retendrán en su ceguera la llave del conocimiento, rehusando entrar ellos mismos, e impidiendo a aquellos que entrarían. El mensaje debe difundirse, a fin de que aquellos que han estado imperceptiblemente alternando con el papado sin saber lo que hacían, puedan oír. Están confraternizando con el papado mediante compromisos y concesiones que sorprenden a los propios del bando papal. Pero esperemos que no sea aún demasiado tarde para hacer una obra que nuestro pueblo debió hacer años atrás.

Dios tiene hijos, muchos de ellos, en las iglesias protestantes, y una gran cantidad en las iglesias Católicas, que son más fieles en obedecer la luz según su mejor conocimiento, que muchos entre los Adventistas guardadores del sábado que no andan en la luz. El Señor hará que se proclame el mensaje de verdad, a fin de que los protestantes sean advertidos y despertados al verdadero estado de las cosas, y consideren el valor de los privilegios de la libertad religiosa que por tanto tiempo han disfrutado.

Esta tierra ha sido el hogar de los oprimidos, el heraldo de la libertad de conciencia, y el gran centro de la luz de las Escrituras. Dios ha enviado mensajeros que han estudiado sus Biblias en busca de la verdad, y han estudiado los movimientos de quienes están desempeñando una parte en el cumplimiento de la profecía al proponer la enmienda religiosa que anula la ley de Dios, propiciando así la influencia creciente al hombre de pecado. ¿Y no se habrá de levantar ninguna voz con la advertencia franca, a fin de que las iglesias despierten al peligro? ¿Permitiremos que las cosas sigan su curso y que Satanás obtenga la victoria, sin protestar? Dios no lo permita.

El Señor comprende la presión ejercida sobre aquellos que le son leales y fieles, ya que Él sintió lo mismo en grado superlativo. Los que en la Reforma testimoniaron mediante una confesión fiel a fin de que la verdad resultase vindicada, no consideraron sus vidas como algo precioso. Dios y los ángeles están mirando como testigos desde sus santas moradas, y señalando el fervor y el celo de los defensores de la verdad en este tiempo. ¿Qué es lo que defienden? La fe que una vez fue dada a los santos. Por lo tanto, que el mensaje vaya a toda nación, lengua y pueblo.

Hermanos, quitaos de en medio del camino. No os interpongáis entre Dios y su obra. Si no sentís la responsabilidad del mensaje por vosotros mismos, entonces allanad el camino a quienes tienen la responsabilidad del mensaje, pues hay muchas almas que han de venir de las filas del mundo, de las iglesias –incluso de la Católica–, cuyo celo excederá en mucho el de aquellos que han estado en las filas para proclamar la verdad hasta aquí. Es por ello que los obreros de la undécima hora recibirán su salario. Verán venir la batalla, y darán a la trompeta un sonido certero. Cuando la crisis esté sobre nosotros, cuando venga el turno de las calamidades, pasarán al frente ceñidos con toda la armadura de Dios y exaltarán su ley, se adherirán a la fe de Jesús y sostendrán la causa de la libertad religiosa que los Reformadores defendieron con penoso esfuerzo, sacrificando sus vidas por ella.

El centinela debe hacer sonar la alarma. Si los hombres están acomodados en Sión, alguien tiene que estar despierto para dar un sonido certero a la trompeta. Que los destellos de la luz del faro se vean por doquier. Que los amantes de lo fácil despierten, que los tranquilos sean conturbados y trabajen por la libertad religiosa. Y después de haber hecho todo lo que esté a nuestro alcance, entonces dejemos que el Señor haga su obra.

Finalmente hubo una apertura hacia el hermano Jones, pero no fue nada placentero disputar cada centímetro en busca de privilegios y posibilidades para traer la verdad ante el pueblo. El mensaje presentado tuvo un efecto maravilloso sobre aquellos que lo aceptaron. Hubo muchos que no eran de nuestra fe, que fueron profundamente motivados a hacer algo, y hacerlo ahora, en la lucha por la libertad religiosa. Muchos fueron despertados en cuanto a lo que significa esa enmienda religiosa: oponerse a un "Así dice Jehová: el séptimo día es sábado al Señor tu Dios". Se presenta un falso sábado para legislarlo mediante el poder, obligando a la observancia de un sábado que Dios no ha dado al hombre.

Las persecuciones de los Protestantes, de manos del Romanismo, por las que la religión de Jesucristo fue casi exterminada, serán más que revitalizadas cuando el Protestantismo y el Papado se combinen. Las páginas más oscuras de la historia se abrirán en ese gran día cuando sea ya demasiado tarde para corregir los errores. Registrados en el libro figuran crímenes cometidos debido a diferencias religiosas. No ignoramos la historia. Europa fue sacudida como por un terremoto cuando una iglesia, exaltada de orgullo y vanidad, presuntuosa y despótica, entregó a la condenación y muerte a todos los que osaron pensar por sí mismos, y que se aventuraron a hacer de la Biblia el fundamento de su fe.

Nuestra propia tierra ha de convertirse en el campo de batalla sobre el que se luchará la contienda por la libertad religiosa para adorar a Dios de acuerdo con los dictados de nuestra propia conciencia. Entonces ¿somos incapaces de discernir la obra del enemigo al mantener durmiendo a los hombres que deberían despertar, a aquellos cuya influencia no debiera ser neutral, sino estar total y enteramente del lado del Señor? ¿Clamarán hoy los hombres 'Paz y seguridad', cuando la destrucción repentina está por sobrevenir al mundo, cuando la ira de Dios está a punto de ser derramada?

Y ¿se manifestará en el pueblo de Dios el mismo espíritu que se condenó en las denominaciones, debido a que hay una diferencia de comprensión en diversos puntos que no son cuestiones vitales? ¿Se acariciará el mismo espíritu, en cualquier forma, entre los Adventistas del Séptimo Día: el enfriamiento de la amistad, el retirar la confianza, la tergiversación de los motivos, los esfuerzos por retorcer y ridiculizar a aquellos que difieren sinceramente de ellos en sus puntos de vista? En la experiencia de mis últimas semanas he aprendido cuán poca confianza puede ponerse en el hombre, ya que se deberán enfrentar esas cosas. La separación y la amargura evidencian que si es posible, Satanás engañará hasta a aquellos que pretenden creer la verdad para este tiempo, mostrando que están en necesidad de estudiar el carácter de la religión pura y sin contaminación. Dios impida que Satanás haga eso.

La bondad que presenta el evangelio nuca lleva espinas y cardos. Nunca, debido a que todos no ven las cosas exactamente igual, rompe los más estrechos lazos de asociación, dividiendo a aquellos que han sido de una fe, de un corazón. Pero una diferencia en la aplicación de unos pocos pasajes de la Escritura hace que los hombres olviden sus principios religiosos. Los elementos se acumulan, excitando a unos contra otros, mediante las pasiones humanas, para tratar en forma áspera y denunciatoria todo lo que no cuadra con sus ideas. Eso no es cristiano, sino que procede de otro espíritu.

Y Satanás está haciendo su máximo esfuerzo a fin de que los que creen la verdad actual estén engañados en ese punto, ya que ha lanzado su trampa para vencerlos, a fin de que los que han aceptado la verdad impopular, que han tenido gran luz y grandes privilegios, participen del espíritu que impregna al mundo. Incluso si lo es en menor grado, es el mismo principio que al tener poder para controlar las mentes, lleva a resultados ciertos. Hay orgullo de opinión, hay terquedad que apartan el alma del bien y de Dios. Las advertencias se han tratado con escarnio, se ha resistido la gracia, se ha abusado de los privilegios, se ha sofocado la convicción, y se ha fortalecido el orgullo del corazón humano. El resultado es el mismo que con los Judíos: una fatal dureza del corazón. No es seguro para el alma levantarse contra los mensajes de Dios. Todos los que están manejando la verdad sagrada no son más que hombres mortales. —*El peligro del legalismo: Énfasis en la libertad religiosa, Manuscrito 30 de 1889, The EGW 1888 Materials, p. 352-380.*

Capítulo Siete
Carta Al Pastor O. A. Olsen

> *"El corazón natural no debe introducir sus principios corruptos y manchados en la obra de Dios. No se deben ocultar los principios de nuestra fe. Nuestro pueblo debe proclamar el mensaje del tercer ángel.*

Querido hermano:

Sentimos honda preocupación por su situación. Sabemos que se ha visto en una posición verdaderamente difícil; pero sabemos también que ha fracasado de forma manifiesta en algunas cosas. Hermano, usted ha insistido mucho en la importancia de la oración, y se ha sentido deseoso de que nuestro pueblo observe la acostumbrada semana de oración. Eso está bien; debemos tener sesiones de oración ferviente y perseverante, ya que Dios es la fortaleza de su pueblo, su línea de avanzada y su retaguardia. Pero es posible convertir esas sesiones de oración en sustitutos de la acción decidida que es necesaria para poner las cosas en orden. Hay un tipo de obra que el agente humano debe cumplir en el nombre del Señor Dios de Israel.

Tras la derrota de los israelitas en Hai, Josué se hallaba postrado sobre su rostro ante el arca, en oración, cuando el Señor le dijo, "Levántate; ¿por qué te postras así sobre tu rostro? Israel ha pecado, y aun han quebrantado mi pacto que yo les había mandado; pues aun han tomado del anatema, y hasta han hurtado, y también han mentido, y aun lo han guardado entre sus enseres... ni seré más con vosotros, si no destruyereis el anatema de en medio de vosotros. Levántate, santifica al pueblo, y di: Santificaos para mañana; porque Jehová el Dios de Israel dice así: Anatema hay en medio de ti, Israel; no podrás estar delante de tus enemigos, hasta tanto que hayáis quitado el anatema de en medio de vosotros".

Ni siquiera la oración ha de ser puesta donde tiene que estar el deber. Dios no será deshonrado por el pueblo, y quedará en silencio. Sus centinelas deben estar bien despiertos.

La primera negligencia suya, en cuanto a ponerse de parte de los principios rectos, cuando los asuntos fueron considerados en las juntas y consejos, anubló su vista. Su fracaso en andar en la luz produjo una merma en su discernimiento. Y con seguridad sus ojos tienen que haber sido cegados, de otra forma no habría podido actuar como lo ha hecho. Sus palabras y acciones han alentado a hombres de propósito fuerte y determinado a emprender cosas; usted les permite planificar, y se llevaron a cabo designios, lo mismo que hizo Aarón con los dirigentes de Israel. Ha intentado convencerse de que esa era la única forma en la que podía actuar. Pero no en todas las situaciones ha sido fiel a la obra que Dios le ha encomendado, para mantenerse firme y decididamente por lo recto. Aarón, sometiéndose a la dirección del pueblo que él sabía en el error, deshonró grandemente a Dios. Debió haber permanecido firme como una roca, con integridad inquebrantable, ante los grandes hombres de la vasta e indisciplinada hueste de Israel. Usted debería haber sabido qué requería la sabiduría divina de su pueblo; pero fue inducido a ver las cosas de la forma en que las han visto aquellos que han resistido al Espíritu Santo, y que no han sido guiados ni enseñados por Dios. Las almas de esos hombres están manchadas por la maldad. Han cegado sus ojos, de forma que no pueden distinguir la justicia de la injusticia. Llaman malo a lo bueno, y bueno a lo malo. Sin embargo, esos son los hombres que usted ha elegido para que lo acompañen de lugar en lugar. Esa es la atmósfera de la que ha rodeado su alma.

Esos hombres a quienes usted ha hecho compañeros suyos en sus visitas a diferentes lugares, han tenido la ocasión de instilar sus propios sentimientos en las mentes de la gente. Puesto que están en conexión con la obra del Señor y ocupan puestos de responsabilidad, se los ha creído rápidamente, habiendo podido ejercer de ese modo una gran influencia. Tras haber dejado caer una sugerencia, y comprobado que ésta se arraiga en la mente, hábilmente la retoman del individuo como si fuese la expresión del propio pensamiento de éste. La próxima vez que hacen una incursión en el terreno, llevan la obra un poco más lejos; y así, en secreto, se han ido sembrando las semillas de la incredulidad, que en algunos casos han requerido años para ser desarraigadas; en otros casos han llegado a florecer y a producir su malvado fruto. Los que han cometido esa maldad –hombres que no están conectados con Dios– son vistos por el pueblo como su mano derecha, su equipo. ¿No es capaz de discernir su carácter y la obra que han hecho?

Su viaje en compañía de esos hombres, a quienes no acompañan los ángeles de Dios, no puede significar ninguna ayuda a una obra que está bajo la supervisión del Espíritu Santo. Habría sido mejor, muchísimo mejor, si muchos de esos largos viajes nunca hubiesen tenido lugar, mejor que los obreros en los diferentes lugares se hubiesen privado de su presencia personal, antes que ir con esos acompañantes, y difundir tan ampliamente su maléfica influencia.

El Señor me ha mostrado que ha habido una manifiesta desconfianza en Dios. ¿Es que Dios no tendrá poder moral o mental entre los hombres que están allí donde han sido establecidos grandes intereses? ¿Acaso deberá emplearse el dinero de Dios en desplazar de aquí para allá aquellos que han demostrado no tener conexión con él? El Señor dice: "Yo honraré a los que me honran". Pero al complacer y glorificar a los hombres a quienes Dios no honra, usted ha deshonrado a Dios. Es mucho mejor estar limitado, pero confiando en el brazo de Jehová y en los ángeles ministradores que él envía, que tener con usted a aquellos que han cerrado sus corazones a las admoniciones y advertencias del espíritu de Dios, y por lo tanto, al Espíritu mismo. En todo lugar en donde se hayan establecido importantes intereses, hay hombres que aman a Dios, y que tienen una medida de habilidad. Esos hombres tienen necesidad de que se los instruya en cuanto a cómo utilizar sus talentos. Permítaseles llevar las responsabilidades de las que sean capaces. Enséñeseles a poner su confianza en Dios, y a ser obreros de quien se pueda depender. No se les induzca a pensar que en toda emergencia deben depender de hombres que se encuentran a gran distancia. Permítaseles buscar al Señor por ellos mismos.

Hay gran necesidad de hombres con sabiduría en todo lugar; pero es un error depender de quienes no aman al Señor, ni lo buscan para obtener sabiduría, santificación y justicia. Dios no ha dispuesto que su obra sea moldeada por aquellos sobre quienes no ha sido puesto su molde, porque no han querido las credenciales divinas. Mediante su conexión con ellos, sus propias ideas se han pervertido, y necesitan una purificación. Usted ve en gran medida las cosas de la misma forma en que las ven esos hombres. No ve gran necesidad del cambio al que el Señor llama. Usted ha fortalecido a esos hombres en su creencia de que están en lo correcto, y su engaño se ha agravado. El Señor no tolerará más esas cosas, dado que usted ha tenido luz; no ha sido dejado en la ignorancia o las tinieblas.

Algunos han tratado como un intruso al Espíritu Santo de Dios manifestado en su pueblo. Usted mismo no ha puesto su dependencia en el Espíritu Santo, tal como hizo en su temprana experiencia. Si hubiese seguido la conducción del Espíritu, habría comprendido que no podía unirse con esos hombres, dar oído a sus sugerencias, ni concederles influencia. No es esa la obra que Dios le encomendó. Él le prometió eficiencia mediante el poder del Espíritu Santo, quien le asistirá en cada acción, si hasta el cabo retuviere firme la confianza. Si hubiese dependido menos de los hombres que, según todas las evidencias que usted pudo conocer, no tenían una conexión vital con Dios, y hubiese dependido más de la presencia y ayuda del Espíritu Santo en respuesta a la oración, la causa se encontraría hoy en una condición mucho más saludable.

No ha sido sabio tomar tantas responsabilidades en relación con la obra a distancia, cuando había tan importantes intereses demandando atención en Battle Creek. Se debiera haber hecho mucho a fin de mantener puro el corazón de la obra. Se requerían muchas atenciones a fin de mantener lubrificada la maquinaria, mediante la gracia de Dios, de manera que pudiese rodar sin fricción. Dios es ofendido por algunos de sus movimientos en materias relativas a principios que él mismo estableció en nuestra obra de publicaciones.

Mucho me ha sido revelado, que se acumula en mi mente y que a duras penas sé cómo expresar. Sin embargo, no puedo guardar silencio. El Señor está indignado con los hombres que se erigen a sí mismos para gobernar a sus semejantes, y para hacer planes que el Espíritu Santo condena. Estoy más estupefacta de lo que las palabras pueden expresar por su fallo en discernir que Dios no ha establecido a esos hombres. El nuevo orden de cosas debería alarmarle, pues no cuenta con la aprobación del cielo.

El corazón natural no debe introducir sus principios corruptos y manchados en la obra de Dios. No se deben ocultar los principios de nuestra fe. Nuestro pueblo debe proclamar el mensaje del tercer ángel. Debe ir en aumento hasta el fuerte clamor. El Señor tiene un tiempo señalado para apresurar su obra, pero ¿cuándo será ese tiempo? Cuando la verdad que debe ser proclamada en estos últimos días sea predicada por testimonio a todas las naciones, entonces vendrá el fin. Si el poder de Satanás puede llegar hasta el mismo templo de Dios, y manipular las cosas a su antojo, el tiempo de preparación se prolongará.

Aquí radica el secreto de los movimientos realizados para oponerse a los hombres que el Señor envió con un mensaje de bendición para su pueblo. Esos hombres fueron odiados, su mensaje despreciado, tan ciertamente como Cristo mismo fue despreciado en su primera venida. Hombres en posiciones de responsabilidad han manifestado los mismos atributos revelados por Satanás. Éste ha procurado dirigir las mentes, someter su razonamiento y talentos a la jurisdicción humana. Se ha hecho un esfuerzo por poner a los siervos de Dios bajo el control de hombres que no tienen el conocimiento y sabiduría de Dios, ni una experiencia bajo la conducción del Espíritu Santo. Se han traído principios que no debieran jamás haber visto la luz del día. El hijo ilegítimo se debió asfixiar tan pronto como inspiró a la vida por primera vez. Hombres finitos han estado luchando contra Dios, la verdad, y sus mensajeros escogidos, contrarrestando su obra de toda forma posible. Considere, por favor, qué virtud hubo en la sabiduría y planes de los que han menospreciado a los mensajeros de Dios, y que, como los escribas y fariseos, han despreciado a los mismos hombres que Dios ha empleado para presentar la luz y la verdad que su pueblo necesitaba.

Es una ofensa para Dios que esa obra sea sofocada por seres humanos. La palabra del Dios viviente, apelando a la razón santificada, no dará jamás a la obra una impronta como la que existe actualmente. Ha habido engaño, falsedad, artificio, egoísmo. Se han diseñado planes para robar a Dios y para robar al hombre, a fin de conducir la obra hacia donde han determinado los ardides egoístas. La misma posición que usted ha adoptado con esos hombres, urdiendo planes para aliviar los apuros financieros, ha hecho de usted un hombre débil en ciertos aspectos. Le ha trastornado el juicio. Ha sido inducido a pervertir la justicia, a apartarse de la honestidad en su trato hacia los hermanos. Un mal trato hacia el más débil o el más errado del rebaño, es incluso más ofensivo a Dios que si se hubiese hecho contra el más fuerte de ustedes. Las almas son la posesión comprada del Señor, y cada injusticia hecha contra "uno de éstos, mis hermanos pequeñitos", dice Jesús, me es "hecha a mí". El Señor no permitirá que la injusticia y la opresión queden impunes.

Todo sistema controlado por los principios del evangelio de Cristo es puro, abierto, transparente como el día, y es sano y saludable en todas sus operaciones. Todo aquello que tenga por fin introducir en el ministerio el orgullo o la ambición no santificada, debe ser expulsado, a fin de que las instituciones del Señor se tengan firmemente sobre la roca eterna. No necesitamos invenciones habilidosas para sostener la causa de Dios. No necesitamos el trato injusto. Permítase que el Señor insufle en su obra el espíritu de los principios celestiales, y ésta vivirá. ¡Nada que el hombre pueda elaborar puede tomar el lugar del Espíritu Santo de Dios! Nada que la sabiduría humana pueda inventar justificará la violación de la verdad, o un menosprecio de los derechos de la humanidad. La verdad es demasiado pura como para poner sus delicados pies fuera de la elevada plataforma del amor a Dios y el amor a nuestros semejantes.

Si le fuese posible, el enemigo trabaría las ruedas del progreso, para evitar que las verdades del evangelio circulasen por doquier. Con ese objeto, conduce a hombres a sentir que es su privilegio el controlar las conciencias de sus semejantes, de acuerdo con sus propias pervertidas ideas. Expulsan al Espíritu Santo de sus juntas y entonces, bajo el nombre y el poder de la Asociación General, inventan reglamentos mediante los cuales compelen a los hombres a que sean regidos por sus propias ideas y no por el Espíritu Santo.

Los planes para ganar control de las mentes y capacidades humanas son como el fuego extraño, que es una ofensa a Dios. ¿Y quiénes son los que se atreven a implicarse en una obra tal? Hombres que han demostrado carecer de dominio propio, que no están libres de egoísmo. A menos que tales hombres se conviertan al Señor, morirán en sus pecados. A duras penas es posible encontrar en ellos un vestigio de genuina verdad. El esfuerzo por controlar a otros, hecho por aquellos que no pueden controlarse a sí mismos, es una de las mayores falacias que puedan existir. Que quienes pretenden controlar, comiencen la obra allí donde debió iniciarse hace años; que se controlen a sí mismos, y muestren que están sometidos al control de Dios, que se han convertido de corazón. Entonces dejarán por fin de hacer gemir a sus semejantes, bajo el amargo yugo de su política restrictiva. Entonces ascenderán al cielo menos oraciones procedentes de corazones angustiados, a causa de la opresión egoísta.

Es necesaria la educación en cuanto a los derechos y deberes de los hombres en puestos de autoridad, que han señoreado sobre la heredad de Dios. Cuando se coloca en una posición de confianza a un hombre que no sabe el tipo de espíritu que debe manifestar en su trato con las mentes humanas, está en necesidad de aprender los mismísimos primeros principios en lo referente a su autoridad sobre sus semejantes. Los principios rectos deben introducirse en el corazón, y se los debe llevar a la trama y urdimbre del carácter.

Hacen falta hombres que sientan su necesidad de la sabiduría de lo alto, hombres de corazón convertido, que comprendan que no son sino pecadores mortales, y que deben aprender las lecciones en la escuela de Cristo, antes de disponerse a moldear otras mentes. Cuando los hombres han aprendido a depender de Dios, cuando tienen la fe que obra por el amor, y purifica sus propias almas, entonces no echarán sobre los hombros de otros las cargas que son gravosas de llevar. El Señor ha sido grandemente deshonrado por aquellos que se han exaltado a sí mismos y han favorecido a hombres que no eran dignos, no teniendo cuidado de tratar a todos de forma justa, sin parcialidad y sin hipocresía.

Hasta que no llega el día de la prueba, cuán pocos son conscientes de sus debilidades. Creyéndose sabios, se hacen necios. No hay nada de lo que los hombres puedan enorgullecerse. Incluso aquellos en la posición de mayor responsabilidad caen en el pecado, aunque aparentemente rodeados de los mejores privilegios religiosos. El caso de Giezi es uno de los que podemos considerar con provecho. Este varón moraba en la casa del santo profeta Eliseo, vio su vida piadosa, oyó sus oraciones fervientes, y cómo inculcaba los principios correctos. Sin embargo, eso no lo hizo mejor. Engañó a Naamán con el fin de recibir una recompensa. Su castigo vino del Señor. Le vino la lepra de Naamán.

Judas fue nombrado entre los doce apóstoles. Oyó las preciosas lecciones procedentes de los labios de Cristo. Tenía siempre ante sí un ejemplo perfecto, sin embargo su corazón no era recto. El pecado de la codicia lo arruinó. "Porque los que quieren enriquecerse caen en tentación y lazo, y en muchas codicias locas y dañosas, que hunden a los hombres en perdición y muerte". Eliseo era fiel a los principios, fiel a su Dios. Su obra llevaba las credenciales divinas. Y en la dificultad y la prueba, Dios se le reveló como su auxiliador siempre presente. Cuando los hijos del profeta estaban ampliando su morada, se obró un milagro para librar a uno de ellos de la desgracia. Cuando el rey de Siria estaba preparando una emboscada contra Israel, su designio fue revelado por el profeta. El rey, tras saber que era Eliseo quien había derrotado a sus ejércitos, envió un comando armado para aprehenderle, pero Dios libró a su siervo. Todas esas lecciones son escritas para nuestra admonición, en quienes los fines de los siglos han parado.

Hermano Olsen, tengo hacia usted los más tiernos sentimientos; pero debo exponer claramente ante usted el peligro de perder el colirio espiritual. Hablo resueltamente porque debo decirle la verdad. No me atreveré a contemporizar, porque no hay seguridad en la demora. No tengo confianza en su comité. Le he escrito en anteriores ocasiones a propósito del trato dado a los autores de los libros. Los deberían haber tratado de forma honesta, imparcial, como un hermano debe tratar a otro hermano; pero no han obrado así. Los principios y motivos del trato dado en ese departamento, no son tales que Dios los pueda aprobar. No están de acuerdo con la estricta integridad. Su ejemplo ha influenciado al hermano C.H. Jones en su trato con los autores. En ambas casas se ha seguido un curso de acción que no es justo ni noble. Una obra tal debe corregirse tan pronto como sea posible, si usted y él desean que el Señor escriba, en relación con sus transacciones, "Bien, buen siervo y fiel". Se avergonzará cuando sea enfrentado a lo que registran los libros que se abrirán con ocasión del juicio, cuando cada uno sea juzgado de acuerdo con sus obras, sean buenas o malas. Mejor, mucho mejor que la obra sea llevada a cabo con amor y justicia combinadas.

Dios lee los motivos que subyacen en la obra a la que me he referido. Tales motivos me han sido revelados, y siento un pesar tan profundo, que no lo puede ser más. No puedo defender los motivos ni los métodos, ya que son una ofensa a Dios. Debo tomar firmemente mi posición. Pero ¿de qué me sirve decir más? He escrito una y otra vez, pero ¿cuál ha sido el resultado de los testimonios? ¿qué reformas han obrado? Los hombres que no tienen el amor de Dios en sus corazones, demostrarán no ser más que falibles y errados mortales, "sin mí", dice Cristo, "nada podéis hacer". Toda alma conectada con la obra necesita convertirse cada día.

Usted, hermano mío, debe vestir toda la armadura de Dios. El Señor Jesús, justamente antes de su crucifixión, oró, "Padre santo, a los que me has dado, guárdalos por tu nombre, para que sean una cosa, como también nosotros". Cristo ofreció esa oración en favor de sus discípulos, pero cuando pide por que seamos guardados, no significa que no debamos cooperar con Dios en guardarnos a nosotros mismos de las malas prácticas. Cada uno de nosotros debe dar oído a las palabras de Cristo, "Velad en oración"; "Velad y orad, para que no entréis en tentación".

No se introduzca, no de el primer paso en el camino equivocado. Que el Señor sea nuestro auxilio y fortaleza. ¿Hay acaso algo en el mundo que pueda cambiar el corazón en el que Cristo mora? La tierra puede temblar, los pilares del mundo pueden tambalearse bajo nosotros; pero si ponemos nuestra confianza en Dios, no temeremos. ¿Qué hubo, capaz de cambiar la fe de Daniel y sus compañeros de cautiverio en Babilonia? ¿Quién pudo corromper sus principios? ¿Quién pudo separar sus afectos de Dios? Pregúntense esto a ustedes mismos, ¿tenemos una fe inteligente?

"¿Quién nos apartará del amor de Cristo? tribulación? o angustia? o persecución? o hambre? o desnudez? o peligro? o cuchillo?... Por lo cual estoy cierto que ni la muerte, ni la vida, ni ángeles, ni principados, ni potestades, ni lo presente, ni lo porvenir, ni lo alto, ni lo bajo, ni ninguna criatura nos podrá apartar del amor de Dios, que es en Cristo Jesús Señor nuestro".

Se están haciendo continuamente planes para acumular cada vez más responsabilidad en Battle Creek. Le pido que considere seriamente la situación allí. ¿Hay una escuela de los profetas en Battle Creek? ¿Hay allí hombres a través de los cuales el Señor haya obrado y pueda obrar, para llevar las pesadas responsabilidades que se deben asumir? ¿Hay allí hombres regenerados, cuyos corazones están enteramente entregados a Dios, hombres a quienes la poderosa espada de la verdad haya separado de las corrupciones del mundo, y cuya fe y devoción revelen que el Espíritu Santo está dando forma a su experiencia, según la semejanza divina? La Biblia, y la Biblia sola, es la regla de fe y práctica. La justificación por la fe en Cristo se hará manifiesta en la transformación del carácter. Esa es la señal ante el mundo, de la veracidad de las doctrinas que profesamos. La evidencia cotidiana de que somos una iglesia viviente se observa en el hecho de que estamos practicando la palabra. La acción cristiana consecuente da un testimonio viviente al mundo.

Declara a un mundo en la apostasía que hay un pueblo que cree que nuestra seguridad consiste en aferrarnos a la Biblia. Ese testimonio está en marcado contraste con el de la gran iglesia apóstata, que adopta la sabiduría y autoridad humanas en lugar de la sabiduría y autoridad de Dios.

El Señor nos ordena, "Apacentad la grey de Dios que está entre vosotros, teniendo cuidado de ella, no por fuerza, sino voluntariamente; no por ganancia deshonesta, sino de un ánimo pronto. Y no como teniendo señorío sobre las heredades del Señor, sino siendo dechados de la grey. Y cuando apareciere el príncipe de los pastores, vosotros recibiréis la corona incorruptible de gloria". "Igualmente, mancebos, sed sujetos a los ancianos; y todos sumisos unos a otros, revestíos de humildad, porque Dios resiste a los soberbios, y da gracia a los humildes. Humillaos pues bajo la poderosa mano de Dios, para que él os ensalce cuando fuere tiempo; echando toda vuestra solicitud en él, porque él tiene cuidado de vosotros. Sed templados, y velad; porque vuestro adversario el diablo, cual león rugiente, anda alrededor buscando a quien devore".

Hay perfecta armonía entre la instrucción del Antiguo Testamento y la del Nuevo. El mismo Señor Jesús dio a Moisés los principios que habrían de darse a Israel. Cristo dio lecciones de misericordia, bondad, generosidad, y estricta honestidad, en el Antiguo Testamento, y las repitió cuando vino en carne humana a nuestro mundo. ¿No estudiaremos fervientemente y con oración esas lecciones, y practicaremos los principios que el Señor nos dio? ¿No trataremos a nuestros semejantes como corresponde a quienes han sido instruidos por el Espíritu Santo, enseñados por la sabiduría de Dios, movidos por la misma influencia que inspiró las Escrituras?

Cuando nuestros hermanos hagan eso, sus concilios serán honrados por la presencia de Cristo. Su espíritu misionero no se confinará a unos pocos lugares, sino que se esparcirá para difundir la luz por doquier. Hay un mundo que advertir. Nuestra gran defensa contra los principios y prácticas del paganismo o del papado es ser epístolas vivientes de la religión de la Biblia. ¿No representaremos a Cristo en todas las cosas?

Mi hermano Olsen, ¿puede estar todavía tan cegado como para unirse en el más mínimo grado con aquellos que se atreven a regir otras mentes, tal como ha sucedido en Battle Creek? ¿Consentirá en tener como sus colaboradores a quienes no reconocen la voz de Dios en los mensajes que ha enviado a su pueblo, hombres que manejarán la obra de manera que logren el total control de la misma, o bien la aplasten? Eso es decididamente lo que ha sucedido. Si los planes originados en tales mentes se llevan a cabo, la religión del evangelio y el cristianismo de la Biblia se extinguirán paralelamente al avance de su influencia.

Es necesario que el Señor Jesús purifique la institución de Battle Creek, tanto como lo fue la purificación del templo cuando estuvo en la tierra. Oh, que nuestras instituciones puedan ser purificadas de los compradores y vendedores, y traídos la mercancía y los principios para hacer entrar en razón a los hombres.

Han venido hombres a Battle Creek, a quienes el Espíritu Santo ha acompañado; pero a menos que peleasen cada palmo de terreno una y otra vez, en procura de mantener los métodos correctos, fueron finalmente avasallados. En el mismo centro de nuestra obra, han visto corrupción, y algunos se han ido con menos confianza en sus hermanos y en sus principios protestantes, y con la divina luz de sus almas que bien pudiera extinguirse. Dios no tolerará más que su templo sea una cueva de ladrones y cambistas. Desea que sus siervos sean hombres piadosos y con conducta santa.

El cristianismo está enfermo en nuestras instituciones publicadoras, y necesita un médico. ¿Quién las sanará? Debe haber una reforma. Sentimientos y prácticas que han ido ganando arraigo y se han fortalecido, deben ser por siempre abandonadas. Deben revivir los principios rectos. El Espíritu Santo fue a ustedes una y otra vez, pero muchos lo han despachado como a un huésped no deseado. La obra purificadora de Cristo debe comenzar en el corazón, para enmendar todo el carácter del agente humano. En medio de las tinieblas morales, debe ponerse en acción una influencia regeneradora, reformadora, a fin de que las cosas sagradas se mantengan sagradas. El Señor no va a ser burlado. Él probará y pesará a su pueblo; purgará minuciosamente su estancia; y recogerá su trigo en el granero. —*Battle Creek. Michigan, The EGW 1888 Materials, p. 1520-1535.*

Capítulo Ocho
La Prueba De La Doctrina (Y El Espíritu De Minneapolis)

> **"**
>
> *Cuanto más estudiéis y copiéis el Modelo, menos confianza tendréis en el yo. ¡De qué manera ha introducido el enemigo su propio espíritu en nuestra obra! No nos amamos unos a otros, tal como nos ha encomendado Cristo, debido a que no amamos a Cristo.*

Me siento agradecida porque es el privilegio de todos hacer tal como hemos cantado: "Destronar todo ídolo y adorarte sólo a ti". Estoy agradecida porque no sea demasiado tarde para corregir los errores; porque no sea demasiado tarde para que examinemos nuestros corazones y nos probemos a nosotros mismos, si estamos en la fe; para que nos aseguremos de que Cristo está morando en nuestros corazones por la fe. Si nos comparamos con la gran norma moral, comprenderemos cuáles son nuestros defectos de carácter. Pero sean cuales fueren nuestros defectos y fracasos, no hemos de desanimarnos. Hemos de ver nuestros pecados y desecharlos, pues Cristo no puede hacer su morada en un corazón dividido.

Nuestros mayores pecados, que separan nuestras almas de Dios, son la incredulidad y la dureza de corazón. ¿Por qué somos tan incrédulos e insensibles? La razón es que estamos llenos de confianza propia. Si recibimos alguna muestra de la bendición de Dios, lo tomamos como una garantía de que estamos bien; y al venir la represión, decimos: "Sé que el Señor me ha aceptado, porque me ha bendecido, y no voy a recibir ese reproche". ¡En qué terrible condición estaríamos si el Señor no nos bendijera! Hemos de estudiar a Cristo, el Modelo de carácter que Dios nos ha dado. Si hemos de cortar un traje, estudiamos el patrón. Y en la vida cristiana, hemos de abandonar nuestras propias ideas y planes, y avanzar de acuerdo con el Modelo. Pero en lugar de ello, obramos al margen del Modelo. No debiéramos estar llenos de presunción. Hemos de decir como Juan: "Es necesario que él crezca, y que yo disminuya".

Cuanto más estudiéis y copiéis el Modelo, menos confianza tendréis en el yo. ¡De qué manera ha introducido el enemigo su propio espíritu en nuestra obra! No nos amamos unos a otros, tal como nos ha encomendado Cristo, debido a que no amamos a Cristo. Si vuestros caminos se cruzan de alguna forma, si la opinión de alguien difiere de la vuestra, en lugar de manifestar humildad de mente, en lugar de llevar vuestra carga a Cristo, y pedirle a él sabiduría y luz para saber cuál es la verdad, os apartáis de él y resultáis tentados a presentar los puntos de vista de vuestro hermano en una luz falsa, a fin de anular su influencia. Sabemos que ese tipo de espíritu no proviene de Dios, no importa quién sea el que lo manifieste. Cuando veáis vuestro caso tal cual es ante Dios, tendréis ideas diferentes de las que ahora sostenéis, en cuanto a vuestros propios defectos de carácter. Cuando se presentan puntos de vista que parecen no armonizar con los vuestros, eso debiera llevaros a estudiar vuestra Biblia, y a investigar para ver si vosotros mismos estáis sosteniendo la posición correcta sobre el tema. El que otro sostenga una opinión diferente, no debiera despertar los peores rasgos de vuestra naturaleza. Debierais amar a vuestro hermano y decir: "Estoy deseoso de investigar tus puntos de vista. Vayamos directamente a la palabra de Dios y veamos por la ley y el testimonio qué es verdad".

Debiéramos sentir la necesidad de investigar las Escrituras por nosotros mismos. Debiéramos estudiar la palabra de Dios hasta que sepamos que nuestro fundamento está en la sólida roca. Debiéramos cavar en busca de las gemas de la verdad. Debiéramos probar la doctrina de todo hombre por la ley y el testimonio; ya que, dice el profeta: "Si no dicen conforme a esto, es porque no les ha amanecido". Dice Juan: "El que dice: 'Yo lo conozco', pero no guarda sus mandamientos, el tal es mentiroso y la verdad no está en él". Los que, pretendiendo tener luz de Dios, vuelven su oído para no oír la ley, están bajo un gran engaño. Los que rechazan a sabiendas el cuarto mandamiento están en las tinieblas. Dice Santiago: "Cualquiera que guarde toda la Ley, pero ofenda en un punto, se hace culpable de todos". De nada sirve que pensemos que estamos preparados para recibir el toque final de la inmortalidad, mientras que vivimos en voluntaria transgresión de uno de los santos preceptos de Dios.

Suponed que un hermano viene a nosotros, y nos presenta algún asunto en una luz diferente a como siempre la habíamos visto anteriormente, ¿habremos de reunirnos con los que están de acuerdo con nosotros para hacer comentarios sarcásticos, para ridiculizar su posición y para formar una confederación con el fin de representar falsamente sus argumentos e ideas? ¿Debiéramos manifestar un espíritu amargo hacia él, mientras que somos negligentes en procurar sabiduría de Dios en ferviente oración, en buscar el consejo del Cielo? ¿Pensaréis que estáis guardando los mandamientos de Dios, mientras que seguís un curso como ese hacia vuestro hermano? ¿Estaríais en la condición que os permita reconocer los brillantes rayos de la luz celestial, al ser esta enviada sobre vuestro camino? ¿Estaría vuestro corazón dispuesto a recibir la iluminación divina? No; no reconoceríais la luz. Todo ese espíritu de fanatismo e intolerancia ha de ser desechado, y ha de tomar su lugar la humildad y mansedumbre de Cristo, antes que el Espíritu de Dios pueda impresionar vuestras mentes con la verdad divina. Debemos ir directamente a la raíz del asunto presentado, y no estar en una posición en la que no tendremos amor por nuestros hermanos, debido a que sus ideas difieren de las nuestras. Si tomáis esta posición, estáis diciendo por vuestra actitud que consideráis vuestra propia opinión como perfección, y la de vuestro hermano errónea.

Cuando se presenta una doctrina que no se adapta a nuestras mentes, debiéramos ir a la palabra de Dios, correr al Señor en oración, y no dar lugar a que venga el enemigo con sospechas y prejuicios. Nunca debiéramos permitir que se manifieste ese espíritu que emplazó a los sacerdotes y dirigentes contra el Redentor del mundo. Estos se quejaban de que él perturbaba al pueblo, y deseaban que los dejara en paz, ya que causaba perplejidad y disensión. El Señor nos envía luz a fin de probar qué clase de espíritu tenemos. No nos hemos de engañar a nosotros mismos. En 1844, cuando venía a nuestra atención algo que no comprendíamos, nos arrodillábamos y pedíamos a Dios que nos ayudara a tomar la buena posición, y entonces podíamos llegar a una comprensión correcta y a ver ojo con ojo. No había disensión, enemistad, habladurías ni juicios equivocados de nuestros hermanos. Si solamente pudiéramos comprender la maldad de ese espíritu de intolerancia, ¡cómo lo repudiaríamos! Nos juntamos con el enemigo de Dios y del hombre cuando acusamos a nuestros hermanos, ya que Satanás fue un acusador de los hermanos. Llevamos falso testimonio cuando añadimos un poquito a las palabras de nuestro hermano, y les damos un color falso; y a la vista de Dios, no somos hacedores, sino transgresores de la ley. No estamos del lado del Señor; estamos del lado del que daña, destruye y derriba la causa de la verdad. Debiéramos orar los unos por los otros, en lugar de alejarnos unos de otros.

El que guarda la palabra de la verdad, mora en Cristo; el amor de Dios resulta en él perfeccionado. Debiéramos estar prestos a aceptar la luz de Dios sea cual sea la fuente de donde provenga, en lugar de rechazarla debido a que no viene por el conducto mediante el cual nosotros esperábamos. Cuando Jesús abrió la palabra de Dios en Nazaret y leyó la profecía de Isaías sobre su propia obra y misión, y declaró que se había cumplido ante ellos, comenzaron a dudar y cuestionar. Dijeron: "¿No es este el hijo del carpintero? ¿No se llama su madre María, y sus hermanos, Jacobo, José, Simón y Judas? ¿No están todas sus hermanas con nosotros? ¿De dónde, pues, saca este todas estas cosas? Y se escandalizaban de él". No esperaban que la luz viniera de él, y rechazaron el mensaje de Dios. Al recibir la vista aquel que había nacido ciego, y venir a los fariseos hablándoles de Jesús, le dijeron: "Tú naciste del todo en pecado, ¿y nos enseñas a nosotros? Y lo expulsaron". Se encerraron en incredulidad, en rechazo a Cristo, aunque profesaban creer en Dios.

Dios nos ha ordenado amarnos unos a otros. Si veis defectos en un hermano, no digáis: "he perdido toda mi confianza en él". ¿Tenéis algún derecho a hablar así de otro? La Escritura nos ordena edificarnos mutuamente en la santísima fe. Hemos de ser santos en toda conversación. ¿Tiene vuestra mente la amplitud necesaria para abarcar todas las circunstancias, perplejidades y pruebas del hermano a quien condenáis?

Muchos hay cuya religión consiste en criticar los vestidos y las maneras. Quisieran que todos se ajustaran a su propia medida. Quisieran alargar los vestidos que en su propio criterio son demasiado cortos, y acortar otros que les parecen demasiado largos. Han perdido el amor de Dios en sus corazones, pero creen que tienen espíritu de discernimiento. Creen que es su prerrogativa el criticar y pronunciar juicio; sin embargo deben arrepentirse de su error, y volverse de sus pecados. Pedro preguntó al Señor con relación a Juan: "¿Y qué de este?" Jesús le respondió: "¿Qué a ti? Sígueme tú". Hemos de seguir al Ejemplo. Brilla sobre nosotros un diluvio de luz, y deben ser desechados todos los celos, ya que los celos son tan crueles como la tumba. Limpiaos de la vieja levadura, ya que un poco de levadura leuda toda la masa. Amémonos unos a otros. Haya armonía y unión en nuestras filas. Estén nuestros corazones santificados a Dios. Miremos hacia la luz que hay en Jesús para nosotros. Recordemos cuán clemente y paciente fue él para con los errantes hijos de los hombres. Nuestro estado sería desgraciado si el Dios del cielo fuese como uno de nosotros, y nos tratara de la forma en la que estamos inclinados a tratarnos unos a otros. Gracias al Señor porque sus pensamientos no son nuestros pensamientos, ni sus caminos los nuestros. Está lleno de compasión y de amor, de clemencia, sobreabunda en tierna gracia. Si tenemos el amor de Jesús, amaremos a aquellos por quienes él murió. —*Review & Herald, 27 agosto 1889, Sermón matinal dado en Chicago, el 9 de abril de 1889.*

Capítulo Nueve
El Deber De La Confesión

> *El Dios que repara en la caída de un gorrión, también percibe vuestro proceder y sentimientos; advierte vuestra envidia, vuestros prejuicios, vuestros intentos de justificar vuestro proceder frente a cualquier injusticia.*

"Confesaos vuestras faltas unos a otros, y rogad los unos por los otros, para que seáis sanos; la oración del justo, obrando eficazmente, puede mucho". Si se obedeciesen esas palabras inspiradas, llevarían a los resultados que el apóstol Pedro expone: "Habiendo purificado vuestras almas en la obediencia a la verdad, por el Espíritu, en caridad hermanable sin fingimiento, amaos unos a otros entrañablemente de corazón puro".

Todos son falibles, todos cometen errores y caen en el pecado; pero si aquel que obró mal está dispuesto a ver sus errores, al ser puestos en evidencia por el Espíritu de Dios que trae convicción, y en humildad de corazón los confiesa a Dios y a los hermanos, entonces puede ser restaurado; entonces sanará la herida que el pecado ocasionó. Si se obrase de esa manera, existiría en la iglesia mucha más sencillez –como la que caracteriza a un niño–, y más amor fraternal; los corazones latirían al unísono.

Los ministros de la palabra, así como otros que ocupan puestos de responsabilidad, y también el cuerpo de la iglesia, necesitan ese espíritu de humildad y contrición. El apóstol Pedro escribió a aquellos que trabajan en el evangelio: "Apacentad la grey de Dios que está entre vosotros, teniendo cuidado de ella, no por fuerza, sino voluntariamente; no por ganancia deshonesta, sino de un ánimo pronto; y no como teniendo señorío sobre las heredades del Señor, sino siendo dechados de la grey. Y cuando apareciere el Príncipe de los pastores, vosotros recibiréis la corona incorruptible de gloria. Igualmente, mancebos, sed sujetos a los ancianos; y todos sumisos unos a otros, revestíos de humildad, porque Dios resiste a los soberbios, y da gracia a los humildes. Humillaos pues bajo la poderosa mano de Dios, para que él os ensalce cuando fuere tiempo; echando toda vuestra solicitud en él, porque él tiene cuidado de vosotros".

El profeta Daniel se acercó mucho a Dios al buscarlo con confesión y humillación del alma. No procuró excusarse a sí mismo, ni a su pueblo, sino que reconoció la plena dimensión de su transgresión. Confesó, en beneficio de su pueblo, pecados de los que él no era personalmente culpable, e imploró la misericordia de Dios, a fin de que pudiese conducir a sus hermanos a ver sus pecados, y a que junto con él, humillasen sus corazones ante el Señor.

Pero ahora me estoy refiriendo a errores y equivocaciones actuales que a veces cometen aquellos que aman verdaderamente a Dios y la verdad. Entre aquellos que ocupan posiciones de responsabilidad, hay una falta de disposición a confesar, tras haber errado; y su negligencia está conduciendo al desastre, no solamente a ellos mismos, sino también a las iglesias. En todo lugar, nuestro pueblo está grandemente necesitado de humillar su corazón ante Dios y confesar sus pecados. Pero cuando se hace evidente que sus pastores, ancianos, u otros hombres en puestos de responsabilidad han adoptado posturas equivocadas, y sin embargo se excusan a sí mismos y no hacen confesión, los miembros de la iglesia demasiado a menudo siguen un curso idéntico. De esa forma se ponen en peligro muchas almas, y la presencia y el poder de Dios son expulsados de su pueblo.

El apóstol Pablo nos exhorta: "Por lo cual alzad las manos caídas y las rodillas paralizadas; y haced derechos pasos a vuestros pies, porque lo que es cojo no salga fuera del camino, antes sea sanado". ¡Cuán gran mal se ha hecho, al desoír negligentemente esta admonición! Supongamos que un hermano juzga incorrectamente a otro hermano. Habría podido tener oportunidad de comprobar si sus sospechas estaban bien fundadas; pero en lugar de esperar a proceder de tal forma, comparte con otros sus sospechas. Actuando así, suscita en ellos malos pensamientos, y el mal se difunde ampliamente. Mientras tanto, al supuesto culpable no se le informa del asunto; no hay una investigación, no se inquiere directamente de él, de forma que pueda tener la oportunidad, o bien de reconocer su falta, o bien de limpiarse de sospechas injustas. Se le ha hecho un grave mal, debido a que sus hermanos carecieron del valor moral para ir a él directamente y hablar francamente con él en el espíritu del amor cristiano. Todos aquellos que han sido negligentes en ese deber, están en la obligación de confesar; y no dejará de hacerlo nadie que aprecie la importancia que tiene para él el responder a la oración de Cristo: "Mas no ruego solamente por éstos, sino también por los que han de creer en mí por la palabra de ellos. Para que todos sean una cosa; como tú, oh Padre, en mí, y yo en ti, que también ellos sean en nosotros una cosa: para que el mundo crea que tú me enviaste. Y yo, la gloria que me diste les he dado; para que sean una cosa, como también nosotros somos una cosa. Yo en ellos, y tú en mí, para que sean consumadamente una cosa; que el mundo conozca que tú me enviaste, y que los has amado, como también a mí me has amado".

¿Cómo podrá ser contestada esta oración por aquel que ha tratado incorrectamente a su hermano, y cuyo corazón no ha sido enternecido por la gracia de Cristo, de manera que haga confesión? ¿Cómo pueden sus hermanos, quienes conocen los hechos, conservar todavía una confianza inquebrantable en él, mientras no demuestra sentir convicción del Espíritu de Dios? Está infligiendo un mal a toda la iglesia, especialmente si ocupa un puesto de responsabilidad, ya que está animando a otros a que desprecien la palabra de Dios, manteniendo pecados sin confesar. Más de uno dirá en su corazón, si no de palabra, 'Hay un pastor o anciano de la iglesia; no hace confesión de sus errores, y sin embargo continúa siendo un miembro honrado por la iglesia. Si él no confiesa, tampoco yo lo haré. Si él siente que es perfectamente seguro para sí no mostrar ninguna contrición, yo me arriesgaré a lo mismo'.

Ese razonamiento es totalmente erróneo, sin embargo, es común. La iglesia está leudada con el espíritu de la autojustificación, la disposición a no confesar nada, a no dar ninguna muestra de humildad. ¿Quién se atreverá a llevar la responsabilidad de este estado de cosas? ¿Quién ha apartado al cojo del camino?

Mis hermanos, si habéis colocado de ese modo una piedra de tropiezo en el camino de otros, vuestro primer deber es quitarla, haciendo justicia a vuestro hermano. Habéis pensado mal de él, habéis dicho cosas falsas, debido a que habéis dado oído a las habladurías; habéis obrado en la ceguera de mente, y ahora, si queréis curar la herida, confesad vuestro error, y mirad de poneros en completa armonía con vuestro hermano. Esa es la única forma de corregir vuestros errores. Confesad a vuestro hermano y ligadlo a vuestro corazón, de forma que podáis trabajar juntos en amor y unidad. Las reglas están claramente expuestas en la palabra de Dios. Tanto si es usted un pastor, el presidente de la Asociación, director de Escuela

Sabática, o si ha asumido posiciones importantes en cualquier ramo de la obra, no hay más que un solo curso de acción correcto.

Si ha juzgado incorrectamente a su hermano, si en el más mínimo grado ha debilitado su influencia, de forma que el mensaje que Dios le ha encomendado dar haya sido contrarrestado o anulado, su pecado no ha afectado simplemente al individuo, sino que ha resistido al Espíritu de Dios; su actitud, sus palabras, han ido en contra de su Salvador.

Jesús dice, "en cuanto lo hicisteis a uno de estos mis hermanos pequeñitos, a mí lo hicisteis". Cristo identifica su interés con el de toda alma humana, sea ésta creyente o incrédula.

El Dios que repara en la caída de un gorrión, también percibe vuestro proceder y sentimientos; advierte vuestra envidia, vuestros prejuicios, vuestros intentos de justificar vuestro proceder frente a cualquier injusticia. Cuando juzgáis mal las palabras y los actos de otro, vuestros propios sentimientos están agitados, de modo que hacéis declaraciones incorrectas, y se sabe que estáis en desacuerdo con ese hermano, entonces inducís a otros, por su confianza en vosotros, a considerar a esa persona como vosotros lo hacéis; y muchos quedan contaminados por la raíz de amargura que aparece de ese modo. Cuando resulta evidente que vuestros sentimientos son incorrectos, ¿procuráis suprimir las impresiones erróneas con tanta diligencia como la que pusisteis al motivarlas? En todo eso ha sido contristado el Espíritu de Cristo. El Señor considera esas cosas como hechas contra Él mismo.

También Dios requiere que cuando hayáis cometido una injusticia, por pequeña que sea, confeséis vuestra falta, no sólo al que ofendisteis, sino a aquellos que por vuestra influencia fueron inducidos a considerar a vuestro hermano en forma equivocada, y a anular la obra que Dios le encomendó. Si el orgullo y la terquedad cierran vuestros labios, vuestro pecado permanecerá contra vosotros en el registro celestial. Por el arrepentimiento y la confesión podéis lograr que el perdón se anote junto a vuestro nombre; o podéis resistir la convicción del Espíritu de Dios, y durante el resto de vuestra vida obrar de tal manera que parezca que vuestros sentimientos errados y vuestras conclusiones injustas no podían evitarse. Pero ahí están las acciones, los actos pecaminosos, la ruina de aquellos en cuyos corazones plantasteis las raíces de amargura; ahí están los sentimientos y palabras envidiosos, las suposiciones mal intencionadas, que se transformaron en celos y prejuicios. Todo eso testifica contra vosotros. El Señor declara, "tengo contra ti que has dejado tu primer amor. Recuerda por tanto de dónde has caído, y arrepiéntete, y haz las primeras obras; pues si no, vendré presto a ti, y quitaré tu candelero de su lugar, si no te hubieres arrepentido".

El asunto no es si usted ve las cosas como su hermano, en puntos controvertidos, sino ¿qué espíritu ha caracterizado sus acciones? ¿Tiene usted una experiencia en el auto-examen minucioso, en humillar su corazón ante Dios? ¿Ha convertido en una práctica de su vida el confesar sus errores a Dios y a sus hermanos? Todos están sujetos a error; por lo tanto, la palabra de Dios nos dice claramente cómo corregir y sanar esos errores. Nadie puede decir que nunca comete errores, que jamás pecó; lo que es importante es cuál es su disposición para con esos errores. El apóstol Pablo cometió graves errores, creyendo que estaba sirviendo a Dios; pero cuando el Espíritu del Señor expuso ante él el asunto en su verdadera luz, confesó su incorrecto curso de acción, y luego reconoció la gran misericordia de Dios al perdonarle su transgresión. Usted también puede haber obrado mal, pensando que estaba perfectamente en lo correcto; pero cuando el tiempo pone de manifiesto su error, es su obligación humillar el corazón, y confesar su pecado. Caiga sobre la Roca y sea quebrantado; entonces Jesús podrá darle un nuevo corazón, un espíritu nuevo.

Estas palabras de David son la oración de un alma arrepentida: "Ten piedad de mí, oh Dios, conforme a tu misericordia: Conforme a la multitud de tus piedades borra mis rebeliones. Lávame más y más de mi maldad, y límpiame de mi pecado. Porque yo reconozco mis rebeliones; y mi pecado está siempre delante de mí... Esconde tu rostro de mis pecados, y borra todas mis maldades. Crea en mí, oh Dios, un corazón limpio; y renueva un espíritu recto dentro de mí. No me eches de delante de ti; y no quites de mí tu santo espíritu. Vuélveme el gozo de tu salud; y el espíritu libre me sustente. Enseñaré a los prevaricadores tus caminos; y los pecadores se convertirán a ti. Líbrame de homicidios, oh Dios, Dios de mi salud: Cantará mi lengua tu justicia. Señor, abre mis labios; y publicará mi boca tu alabanza. Porque no quieres tú sacrificio, que yo daría; no quieres holocausto. Los sacrificios de Dios son el espíritu quebrantado: Al corazón contrito y humillado no despreciarás tú, oh Dios".

Sea cual sea el carácter de su pecado, confiéselo. Si es solamente contra Dios, confiéselo a él solamente. Si ha dañado u ofendido a otros, confiéselo también a ellos, y la bendición del Señor descansará sobre usted. De esa forma usted muere al yo, y Cristo es formado en el interior. Podrá así establecerse en la confianza de sus hermanos, y ser una ayuda y bendición para ellos.

Cuando, bajo las tentaciones de Satanás, los hombres caen en el error, y sus palabras y comportamiento no son semejantes a los de Cristo, pueden no darse cuenta de su condición, debido a que el pecado es engañoso, y tiende a amortecer las percepciones morales. Pero mediante el examen de sí, el estudio de las Escrituras y la oración humilde –asistidos por el Espíritu Santo– serán capacitados para ver su error. Si confiesan entonces sus pecados y se alejan de ellos, el tentador no les parecerá un ángel de luz, sino el engañador, el acusador de aquellos a quienes Dios desea usar para su gloria. Los que aceptan el reproche y la corrección como viniendo de Dios, y son así capacitados para ver y corregir sus errores, aprenden preciosas lecciones, aunque sea de sus propias equivocaciones. Su aparente derrota se transforma en victoria. Se sostienen confiando, no en su propia fuerza, sino en la fuerza de Dios. Tienen fervor, celo y afecto, unidos a la humildad, y regidos por los preceptos de la palabra de Dios. De esa manera rinden fruto apacible de justicia. El Señor les puede enseñar su voluntad, y ellos conocerán de la doctrina, si viene de Dios. Andarán seguros, sin tropezar, en la senda iluminada por la luz celestial.

Todos nuestros obreros deben manifestar un espíritu de mansedumbre, de contrición. Dios requiere que quienes ministran en palabra y doctrina le sirvan con todos los poderes del cuerpo y la mente. Nuestra consagración a Dios debe ser sin reservas, nuestro amor ardiente, nuestra fe sin vacilación. Entonces, las expresiones de los labios testificarán del intelecto reavivado y de la profunda constricción del Espíritu de Dios en el alma.

Los hombres en las más altas posiciones necesitan comprender que son tan dependientes de Dios como lo es el más humilde de sus hermanos. Cuanta más luz tengan, y mejor su conocimiento de la verdad, tanto mayor es su responsabilidad. Si están vestidos de la justicia de Cristo, tendrán un concepto humilde de sí mismos. En la adoración a Dios, y en la confesión del pecado, serán como la menor de sus criaturas, al tiempo que tomarán posición y sentarán ejemplo en todo lo que es puro y noble. Serán despreciados por muchos a causa de su piedad, humildad y rectitud. Serán objeto del escarnio y murmuración de aquellos que hacen profesión de piedad, sin estar conectados con Dios. Pero serán honrados por el cielo, y por los hombres cuyos corazones no se han endurecido por el rechazo de la luz.

Hermanos, veo vuestro peligro, y os pregunto de nuevo, ¿hacéis vosotros, los que erráis, algún esfuerzo por corregir el mal? Hay almas que pueden estar tropezando, andando en tinieblas, debido a que no habéis hecho derechos los pasos de vuestros pies. Si ocupa usted un puesto de confianza, le dirijo mi más ferviente llamado, por el bien de su alma y por el de quienes lo miran como un guía, arrepiéntase ante Dios por cada error cometido, y confiese su error.

Si es indulgente en mantener su corazón en la obstinación, y debido al orgullo y la justicia propia deja de confesar sus faltas, será abandonado a las tentaciones de Satanás. Si cuando el Señor revela sus errores, no se arrepiente o hace confesión, su providencia lo llevará al mismo terreno una y otra vez. Se le permitirá cometer errores de la misma naturaleza, continuará faltándole la sabiduría, llamará pecado a la justicia, y justicia al pecado. La multitud de engaños que prevalecerán en estos últimos días le rodearán, usted cambiará de dirigentes, y no se dará cuenta de lo que ha hecho.

Le pregunto a usted que maneja asuntos sagrados, pregunto a los miembros individuales de la iglesia, ¿Ha confesado sus pecados? Si no es así, empiece ahora; su alma está en gran peligro. Si muere con sus errores encubiertos, inconfesos, muere en sus pecados. Las mansiones que Jesús ha ido a preparar para todos aquellos que le aman serán pobladas por aquellos que están libres de pecado. Pero los pecados que no se han confesado, no serán jamás perdonados; el nombre de quien rechaza así la gracia de Dios será borrado del libro de la vida. Está a las puertas el tiempo de que toda cosa secreta sea traída a juicio, y entonces se oirán muchas confesiones que sorprenderán al mundo. Los secretos de todos los corazones serán revelados. La confesión del pecado será manifiesta de la forma más pública. Lo triste del caso es que entonces será demasiado tarde para que la confesión pueda beneficiar al malhechor, ni para librar a otros de su engaño. Simplemente testificará de que su condenación es justa. Nada ganó con su orgullo, suficiencia propia y obcecación, ya que su propia vida fue amargada, arruinó su propio carácter de forma que dejó de ser un candidato apropiado para el cielo, y mediante su influencia, condujo a otros a la ruina.

Ante vuestros amigos, podéis ahora representar vuestro curso de acción como algo que os hace recomendables. Ante quien no conoce los rasgos objetables de vuestro carácter, os puede resultar fácil esgrimir excusas plausibles para vuestra indecisión, vuestra falta de voluntad para confesar vuestros pecados. Pero ¿de qué valdrán esas excusas ante Aquel que juzga con justicia? ¿Presentaréis el mismo razonamiento ante el tribunal de Dios, cuando los ojos del Señor se fijen en vosotros, ante la contemplación de los ángeles? Así es como todo hombre deberá dar cuenta de su vida. ¿Os parece, pues, que vais a ganar algo siendo deshonestos con vosotros mismos, presentando ante otros excusas que de ninguna forma podréis sostener ante Dios?

El Señor lee cada secreto del corazón. Él conoce todas las cosas. Podéis ahora cerrar el libro de vuestros recuerdos, a fin de escapar a la confesión de vuestros pecados; pero cuando se establezca el juicio, y los libros sean abiertos, no los podréis cerrar. El ángel registrador ha testificado de lo que es cierto. Todo aquello que tratasteis de ocultar y olvidar quedó registrado, y os será leído cuando sea demasiado tarde para corregir los errores. Entonces os embargará la desesperación. Es terrible la idea de que muchos estén jugando con los intereses eternos, cerrando el corazón hacia todo curso de acción que implique la confesión.

Vosotros que habéis errado, que habéis torcido la senda de vuestros pies de forma que otros que os miran como ejemplo han sido desviados del camino, ¿no tenéis ninguna confesión que hacer? Vosotros que habéis sembrado dudas e incredulidad en los corazones de otros, ¿no tenéis nada que decir a Dios o a vuestros hermanos? Revisad vuestra vida en los años pasados, vosotros que no habéis formado el hábito de confesar vuestros pecados. Considerad vuestras palabras, vuestra actitud, vosotros cuya influencia ha contrarrestado el mensaje del Espíritu de Dios, vosotros que habéis despreciado al mensaje y al mensajero. Tras ver el fruto llevado por el mensaje, ¿qué tenéis que decir? Pesad vuestro espíritu, vuestras acciones, en la balanza de la justicia eterna, la ley de Dios: "Amarás al Señor tu Dios de todo tu corazón... y amarás a tu prójimo como a ti mismo". A menos que vuestros pecados sean revocados, testificarán contra vosotros en ese día en el que toda obra será llevada ante Dios.

La confesión romperá el terreno yermo del corazón; expulsará vuestro orgullo y autocomplacencia. Mientras continuéis siendo negligentes en esa obra, no os sorprenda que el Espíritu Santo no haya enternecido vuestro corazón ni os haya conducido a toda la verdad. Dios no habría podido bendeciros, aprobando vuestro pecado y confirmándoos así en la incredulidad. Os habéis estado engañando a vosotros mismos y a los demás, y el Espíritu Santo, mediante su obra o testimonio, nunca hará a Dios mentiroso.

¡Poned fin de una vez a vuestros subterfugios y reparos capciosos! No digáis con una sonrisa, "No se espera que nadie sea perfecto"; que no pretendáis estar inspirados. Esa es una máscara lamentable. ¿Para qué sirve el Espíritu Santo, si solamente os enseña lo que está de acuerdo con vuestro juicio finito? En su providencia, Dios ha acompañado su palabra escrita con testimonios de advertencia, para conduciros a las verdades de su palabra. Se ha apiadado de la ignorancia del hombre, del alma orgullosa y rebelde, y ha traído auxilio para llevaros de la incredulidad a la fe, si así lo permitís. Dios os ha amado demasiado como para dejaros con vuestros sentimientos; os ha dado advertencias y reproches con el fin de salvaros. Pero os habéis tomado a la ligera las advertencias y súplicas, y habéis rehusado prestarles atención.

¿Buscaréis al Señor en esta semana de oración? ¿Humillaréis vuestro corazón ante Dios, confesaréis vuestros pecados, hallando así gracia y perdón? Os intimo, "Buscad a Jehová mientras puede ser hallado, llamadle en tanto que está cercano. Deje el impío su camino, y el hombre inicuo sus pensamientos; y vuélvase a Jehová, el cual tendrá de él misericordia, y al Dios nuestro el cual será amplio en perdonar". Mirad con fe al Cordero de Dios, que quita el pecado del mundo.

No es todavía demasiado tarde para que los errores sean corregidos. Cristo os invita a venir a Él y a tomar gratuitamente del agua de vida. Que ningún hombre os engañe con la sofistería que excusa el pecado. Decid a todo aquel que se tome a la ligera las advertencias y reproches del Espíritu de Dios, que de ninguna forma os atreveréis vosotros a hacer eso mismo por más tiempo; que, si bien los ojos de vuestro entendimiento fueron cegados, y fuisteis extraviados, habiendo llegado a tomar decisiones equivocadas, no seréis ya cegados ni extraviados por más tiempo. Salid de la cueva, permaneced con Dios en el monte, y oíd lo que el Señor tiene que deciros. Tened fe inquebrantable en Dios, y no dependáis del yo.

"Bienaventurado aquel cuyas iniquidades son perdonadas, y borrados sus pecados. Bienaventurado el hombre a quien no imputa Jehová la iniquidad, y en cuyo espíritu no hay superchería... Mi pecado te declaré, y no encubrí mi iniquidad.

Confesaré, dije, contra mí mis rebeliones a Jehová; y tú perdonaste la maldad de mi pecado".

"Los sacrificios de Dios son el espíritu quebrantado: Al corazón contrito y humillado no despreciarás tú, oh Dios". "Porque así dijo el Alto y Sublime, el que habita la eternidad, y cuyo nombre es el Santo: Yo habito en la altura y la santidad, y con el quebrantado y humilde de espíritu, para hacer vivir el espíritu de los humildes, y para vivificar el corazón de los quebrantados".

Y a todos los que le buscan con verdadero arrepentimiento, Dios da la seguridad: "Yo deshice como a nube tus rebeliones, y como a niebla tus pecados: tórnate a mí, porque yo te redimí". Esas promesas están llenas de consuelo, esperanza y paz. — *Artículo portada de Review and Herald del 16 de diciembre de 1890.*

Otros libros del Autor y del Mensaje de 1888 disponibles:

1. Descubriendo la Cruz, Autor: Robert J. Wieland.

2. Introducción al Mensaje de 1888, Autor: Robert J. Wieland.

3. 1888 Reexaminado, Autores: Robert J. Wieland y Donald K. Short.

4. He aquí, Yo estoy a la Puerta y llamo, Autor: Robert J. Wieland.

5. Diez Grandes Verdades del Evangelio, Autor: Robert J. Wieland.

6. Nuestro Glorioso Futuro, Autor: Robert J. Wieland.

7. Reavivamientos Modernos, Autor: Robert J. Wieland.

8. La Palabra se Hizo Carne, Autor: Ralph Larson.

9. Cristologia en los Escritos de Elena G. de White, Autor: Ralph Larson.

10. El Evangelio en Gálatas, Autor: E. J. Waggoner.

11. Carta a los Romanos, Autor: E. J. Waggoner.

12. El Pacto Eterno, Autor: E. J. Waggoner.

13. Cristo y su Justicia, Autor: E. J. Waggoner.

14. 1888 Materiales; Volúmenes 1-4 en español, Autor: Elena G. de White.

15. El Camino Consagrado a la Perfección Cristiana, Autor: A. T. Jones.

16. El Mensaje del Tercer Ángel; 3 Volúmenes, Autor: A. T. Jones.

17. Lecciones sobre la Fe, Autores: A. T. Jones y E. J. Waggoner.

*Si desea adquirirlos al por mayor (40% descuento), son por cajas de 50 libros (puede ser mixto) y nos puede contactar a este correo:

lsdistribution07@gmail.com

www.ingramcontent.com/pod-product-compliance
Lightning Source LLC
Chambersburg PA
CBHW070738020526
44118CB00035B/1477